Gerda Winifred Cichon-Hollander

# Das Ornament in der Kunstgeschichte

BENTELI

Zum Gedenken an meine Eltern
Dr. Leonore Beatrice Hollander
Dr. Franz Josef Köhler

und gewidmet meinen Enkeln
Leopold, Gregor, Albert und Margaretha
sowie Alexandra mit Irina und Arnold mit Otilia

und Caro und Max

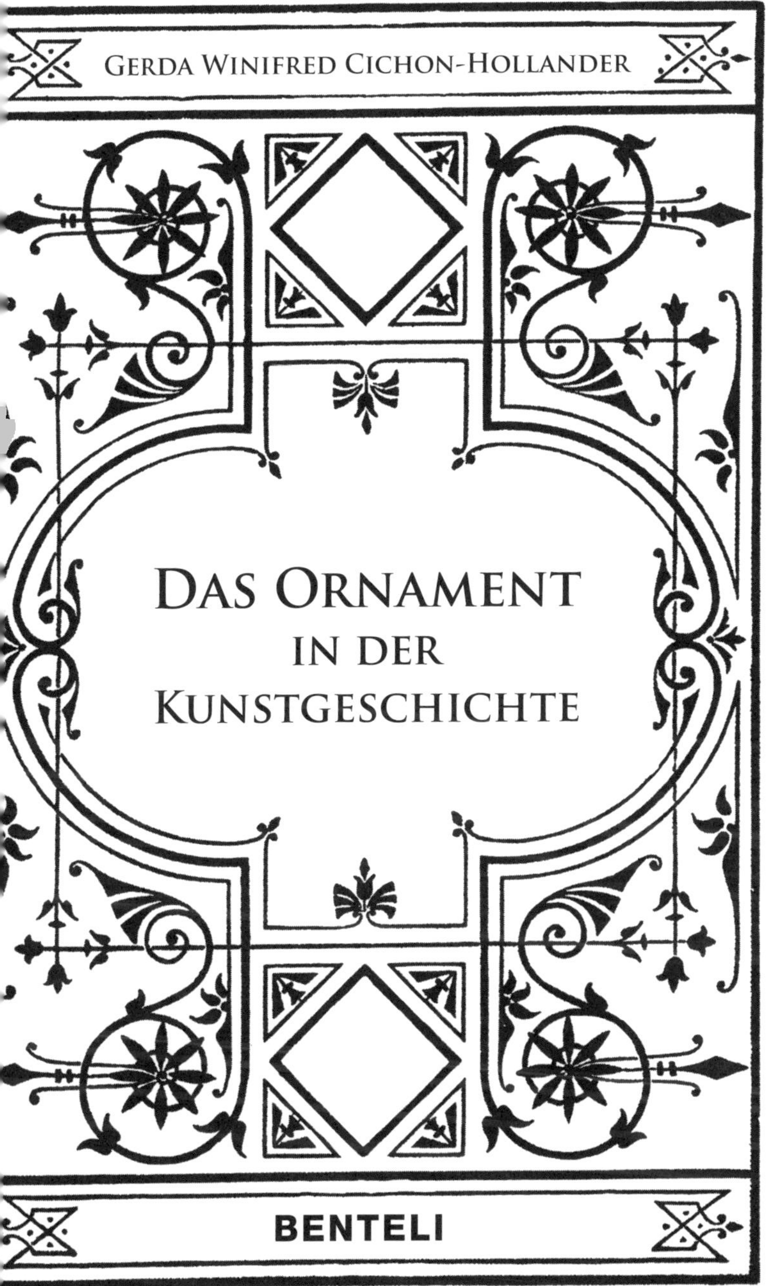
GERDA WINIFRED CICHON-HOLLANDER
DAS ORNAMENT
IN DER
KUNSTGESCHICHTE
BENTELI

# Geleitwort

Kunst verstehen heißt zuallererst einmal: Kunst beschreiben, und für das Beschreiben bedarf es eines Fachvokabulars. Das vorliegende Buch soll hierbei eine Hilfestellung geben. Es benennt Schmuck- und Gestaltungsformen der Architektur und des Kunsthandwerks, setzt diese in einen stilhistorischen Zusammenhang und kann an Ort und Stelle zu Diensten stehen. Insbesondere Bildungsreisenden und Kulturtouristen sei es ans Herz gelegt, frei nach dem Motto: Man sieht nur, was man weiß.

13. Februar 2015

Hubertus Kohle

Dekan, Professor für Kunstgeschichte LMU München

# Inhalt

# Einführung

Wenn wir mit offenen Augen durch unsere Stadt gehen, möchten wir gern die verschiedenen Stile und deren Ornamente erkennen und einordnen können – besonders bei den bildenden Künsten, zu denen neben Malerei und Bildhauerei auch Architektur und Kunsthandwerk gehören.

Wir sprechen von Kunst, sobald die Form, die Ausmaße und die Proportionen eines Produkts über das rein Zweckbedingte und technisch Notwendige hinausgehen und die menschliche Fantasie Verzierungen, das Ornament, erschafft.

Es tauchen zu Beginn einer jeden Kultur die gleichen Ornamente auf: Linien, Punktreihen, Zacken- und Wellenlinien, die den Konturen des Gegenstands folgen.

Was wir heute Kunst nennen, diente anfangs vor allem kultischen, religiösen Zwecken, später der Repräsentation und Belehrung, schließlich der Freude und Unterhaltung der Auftraggeber. In neuerer Zeit findet bei den meisten Kunstschaffenden ein Bruch mit der Tradition statt: Kunst kann nun einerseits dem Ausdruck von Gefühlen wie Protest, Ekel oder Schrecken dienen, andererseits der Provokation oder der politischen Agitation. Man kann heute keinen einheitlichen Stil erkennen: »Kunst will nicht mehr abbilden, sondern sichtbar machen« (August Everding, 1928–1999). In ihrer Schlichtheit, nicht aber in der Absicht scheint die Kunst sich wieder ihren Anfängen zu nähern.

Dieses Büchlein will anhand der Ornamente die europäischen Stile erklären, knapp und leicht verständlich, mit vielen klaren Zeichnungen, etwa wie ein Pflanzenbestimmungsbuch. Die Zeitangaben dienen dabei lediglich einer ganz groben Orientierung; sie können sich überschneiden und sind auch unter Fachleuten umstritten.

Möge Ihnen dieser Leitfaden beim Erkennen und Einordnen der Ornamente zu Diensten sein!

München, Juli 2014/Juli 2021
Gerda Winifred Cichon-Hollander

# 1. Ägyptischer Stil (ca. 3000 v. Chr. bis zur Zeitenwende)

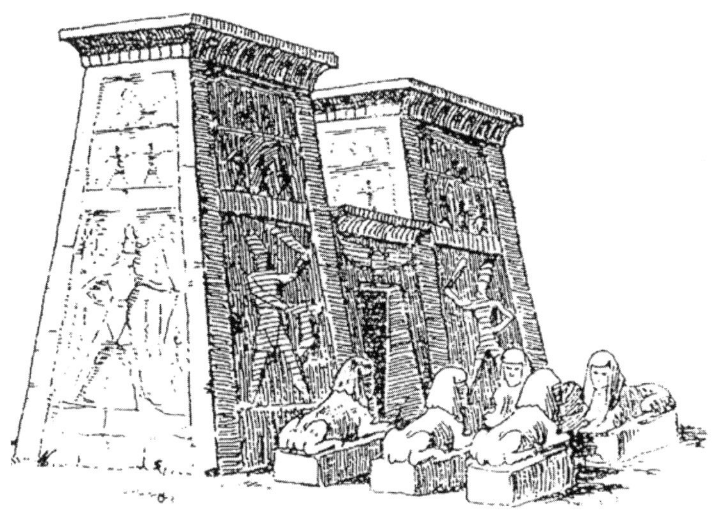

Abb. 1: **Pylonen** des ägyptischen Palasttores

Der »alte Orient« gilt als Wiege der europäischen Kultur. Der Stil des religiösen Kults, besonders in Ägypten, blieb jahrtausendelang unverändert und geriet später lange in Vergessenheit. Erst durch die Entdeckungen während Napoleons Feldzugs Ende des 18. Jahrhunderts und durch die Entzifferung der Hieroglyphen Anfang des 19. Jahrhunderts trat die Welt der Pharaonen in das Bewusstsein der Europäer.

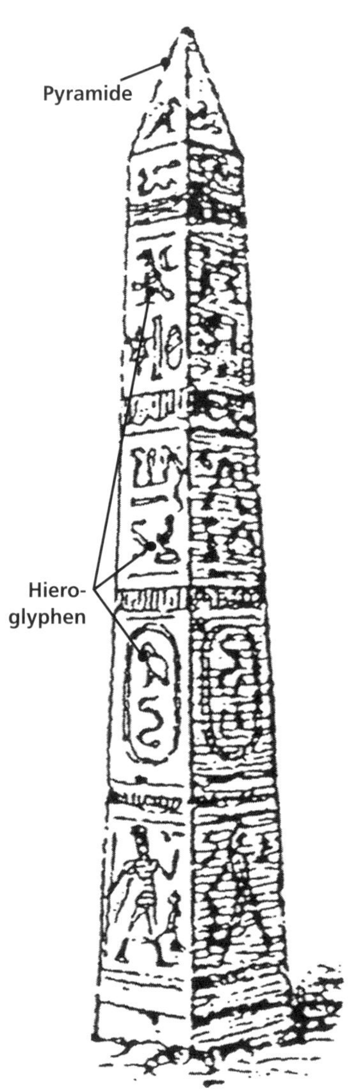

Abb. 2: **Obelisk**

Typisch für den **ägyptischen Stil** sind die schrägen Außenwände, nicht nur bei den Pyramidenbauten, sondern auch an den Palasttoren, flankiert von **Pylonen** (Abb. 1), sowie an **Obelisken** (Steinpfeilern, Abb. 2), die als Denkmal dienen.

Da die freien Wandflächen mit Bildern und Schriftzeichen **(Hieroglyphen)** bedeckt sind, kommen hier Ornamente im engeren Sinne nur spärlich vor.

Eine **Säule** im eigentlichen Sinne hat stets einen runden Querschnitt und ein **Kapitell** (Kopfstück), sonst spricht man von einem **Pfeiler**. Das Kapitell hat zunächst die Form einer **(Lotos-)Knospe** (Abb. 3) oder **(Lotos-)Blüte** (Abb. 4).

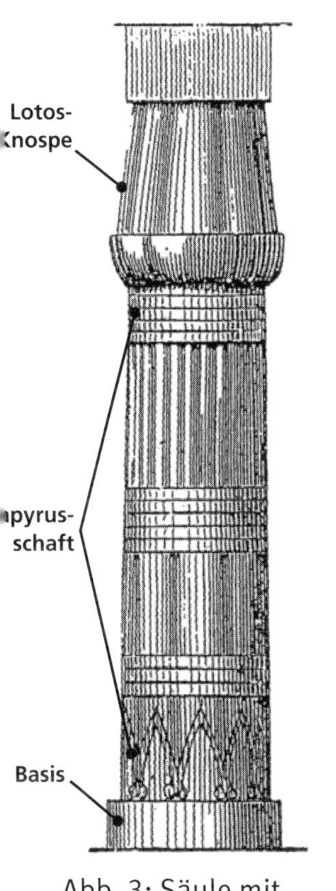


Abb. 3: Säule mit **Knospenkapitell**

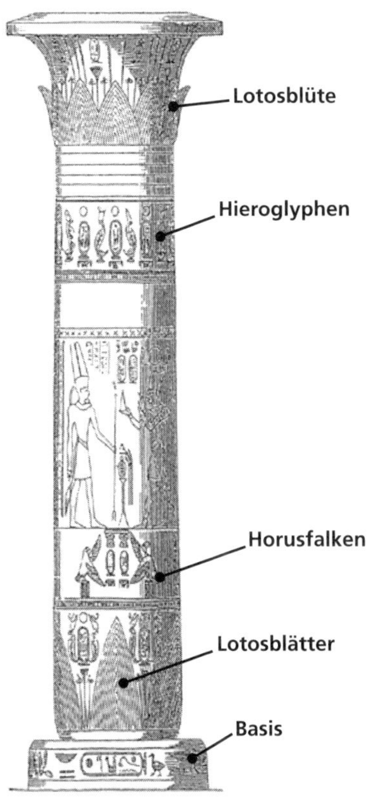


Abb. 4: Säule mit **Blütenkapitell**

Als Ornament dienen heilige Tiere wie der **Adler** (Abb. 5), der **Horusfalke** (Abb. 9), der **Löwe** (Abb. 6) oder der **Skarabäus** (ein Mistkäfer, Abb. 7), der oft mit einer Dungkugel als Symbol der Sonne gezeigt wird. Gefäße oder Möbel haben häufig **Löwentatzen** als Füße.

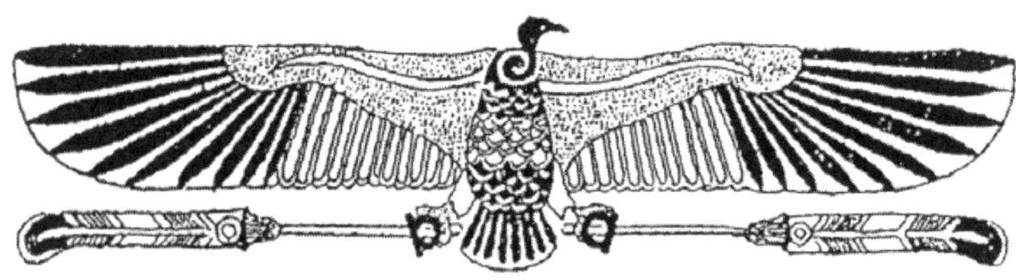

Abb. 5: **ägyptischer Adler**

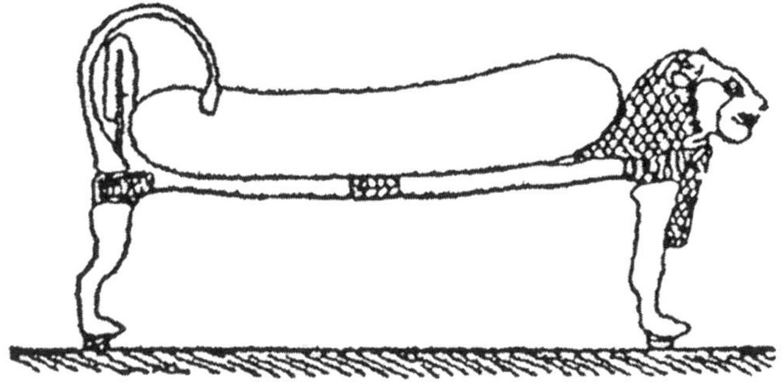

Abb. 6: **Löwe** als Ruhebett

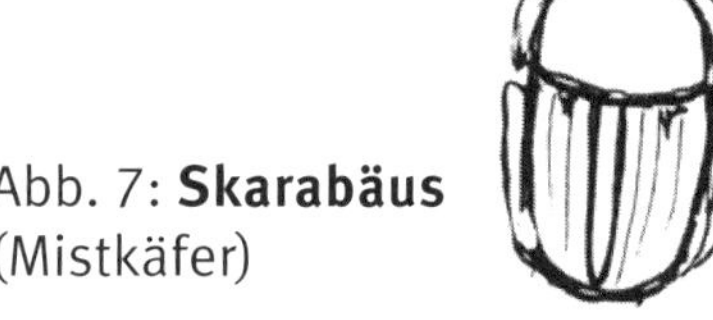

Abb. 7: **Skarabäus** (Mistkäfer)

Auch **Fabelwesen** wie die **Sphinx** (ein **Löwenkörper** mit Menschenhaupt, Abb. 8) oder die geflügelte **Sonnenscheibe** (Abb. 9) kommen oft vor.

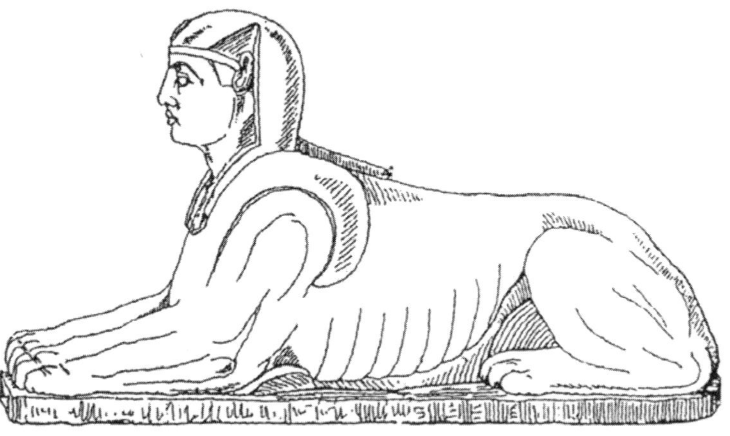

Abb. 8: **Sphinx** mit Königskopftuch

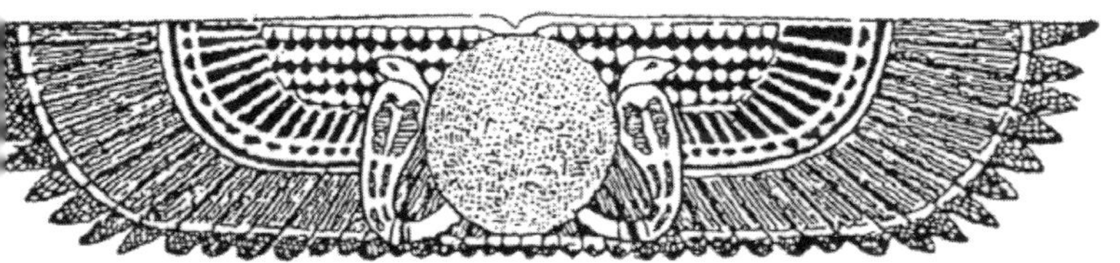

Abb. 9: geflügelte **Sonnenscheibe**, hier mit **Horusfalken**

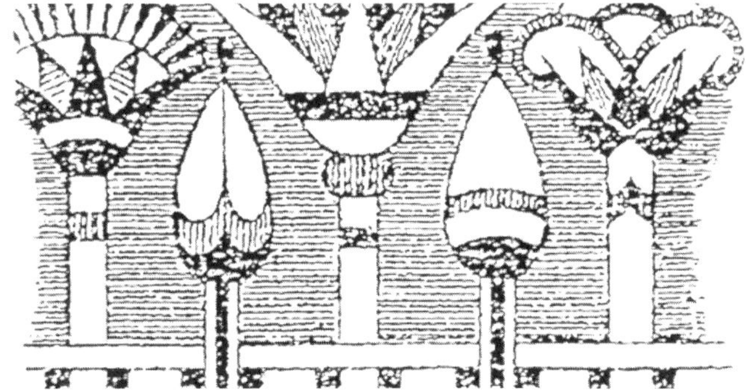

Abb. 10: **Fries** mit **Lotosblüten** und **-knospen**

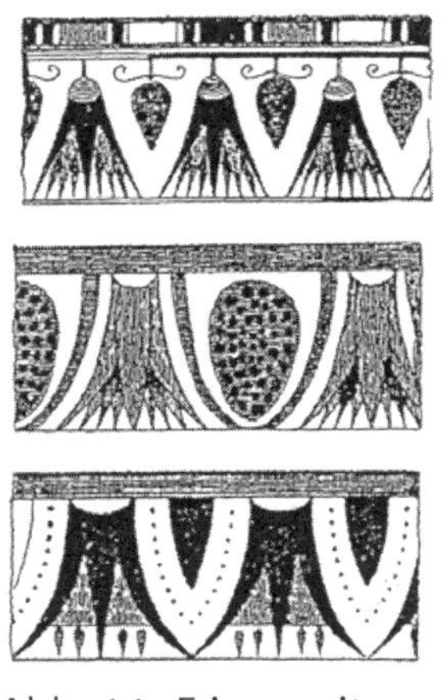

Abb. 11: Friese mit **Trauben, Lotos** und **Palmetten**

Es gibt **Friese** (Schmuckstreifen an den Wänden) mit geometrischen Linien und mit Mustern, senkrecht und waagrecht, sowie mit pflanzlichen Motiven wie stilisiertem **Lotos** (Abb. 10), **Papyrus** (Schilfgras), **Palmetten** und **Trauben** (Abb. 11).

**Ohne die ägyptische Hochkultur ist die klassische Antike und damit die gesamte Entwicklung der europäischen Kultur nicht denkbar.**

# 2. Klassische Antike (ca. 800 bis 100 v. Chr.)

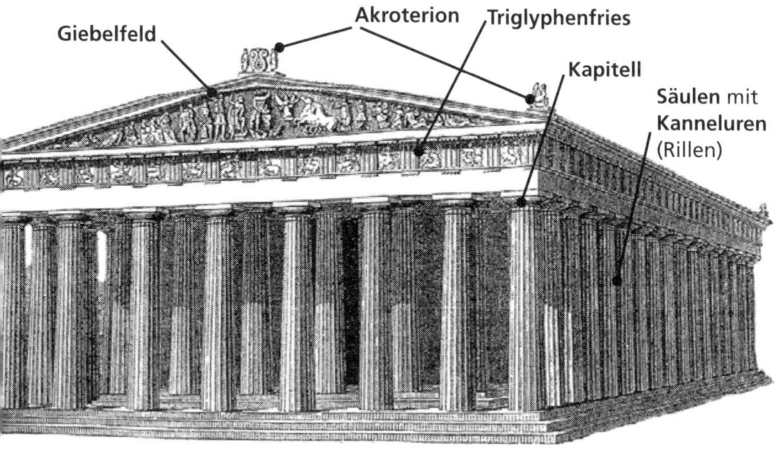


Abb. 12: **griechischer Tempel**

Mit den »alten Griechen« fängt die eigentliche Entwicklung der europäischen Kultur an. Zwar fußt sie auf ägyptischen Traditionen, aber der lebendige kritische Geist wollte sich nicht an das Althergebrachte halten. Langsam beginnt eine stetige Erneuerung der künstlerischen Ausdrucksweise. Die Stilepochen werden im Laufe der Jahrhunderte immer kürzer. **Der griechische Tempel (Abb. 12) als der Wohnsitz einer Gottheit ist der nie wieder erreichte Gipfelpunkt aller Architektur bezüglich Ebenmäßigkeit des Äußeren.**

Philosophen denken erstmals über die ideale Ebenmäßigkeit und Schönheit nach, welche Symmetrie und **Proportionalität** voraussetzt. Man entdeckt den **Goldenen Schnitt** (Abb. 13), der besagt: Die **Idealproportionen** des ganzen Menschen und des Gesichts gelten in der Bildhauerei wie auch in der Architektur: Der kleinere Teil des Werkes verhält sich zum größeren wie dieser zum Ganzen.

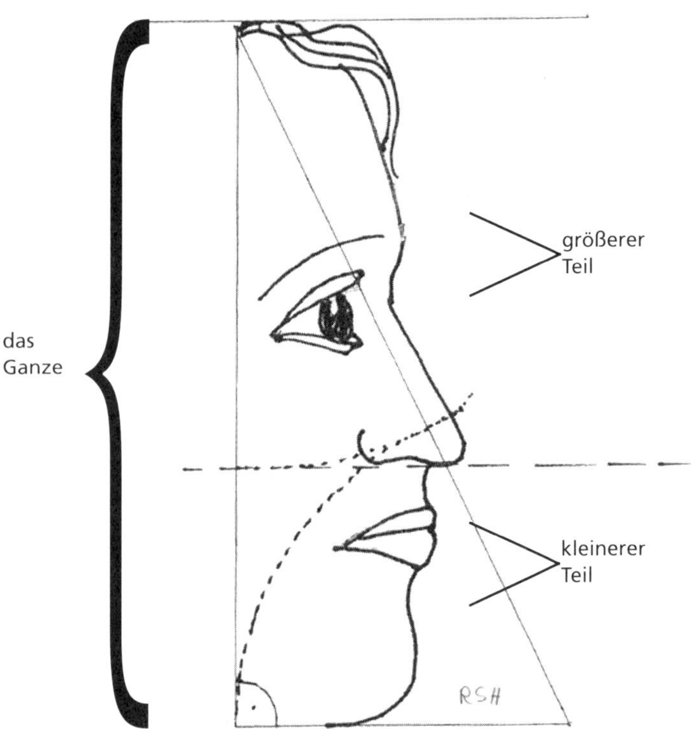


Abb. 13: **Goldener Schnitt**

Es entsteht mit der Zeit das klassische **Tempelschema** (Abb. 14), welches sich vom griechischen Mutterland aus nach Kleinasien, Süditalien und Nordafrika ausbreitet.

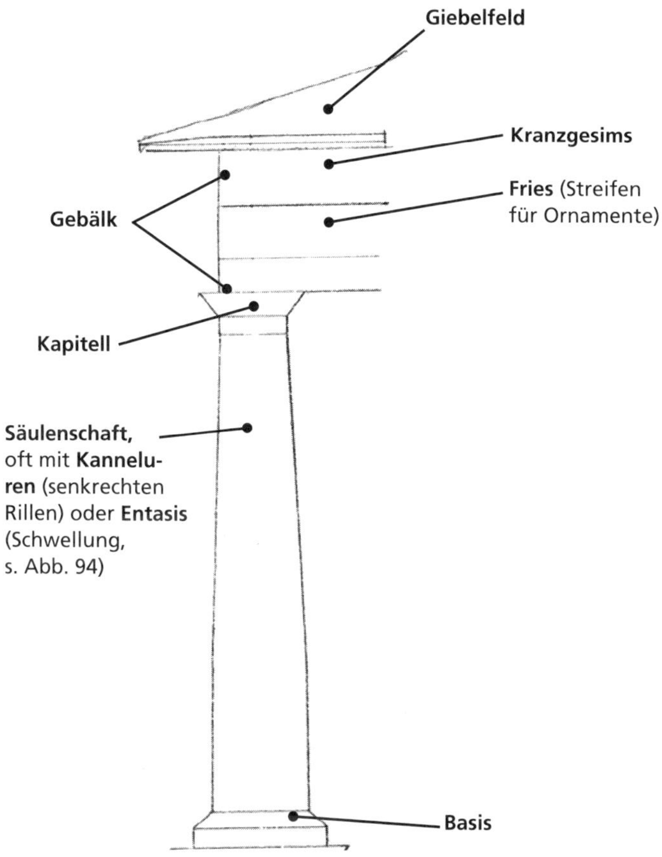


Abb.14: klassisches **Tempelschema**

Die drei **Säulenordnungen** des **Tempelschemas** unterscheidet man an ihrem **Kapitell** (Säulenkopf): die dorische Säulenordnung mit dem Polster oder Wulst (Abb. 15), die ionische mit den **Voluten**, dem schneckenförmigen Ornament (Abb. 16), und die korinthische mit dem Korb aus **Akanthus**, einem gezackten Großblatt (Abb. 17).

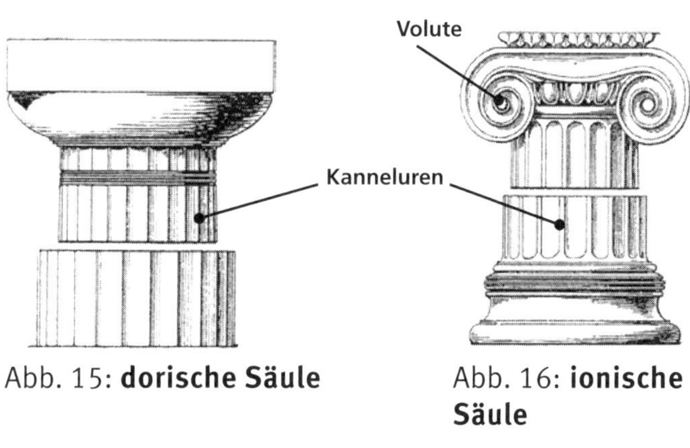


Abb. 15: **dorische Säule**

Abb. 16: **ionische Säule**

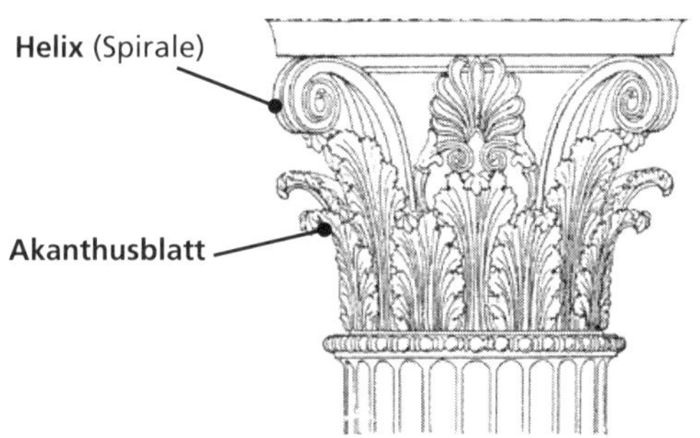


Abb. 17: **korinthische Säule**

Der **Säulenschaft** hat meist eine **Kannelierung**, (senkrechte Rillen), wodurch die **Säule** durch Verwischen des Schattens auch aus der Ferne rund wirkt. Statt Säulen tragen manchmal **Karyatiden** (Abb. 18) oder **Atlanten** (Abb. 19), weibliche oder männliche Stützfiguren, das **Gebälk** des Tempels.

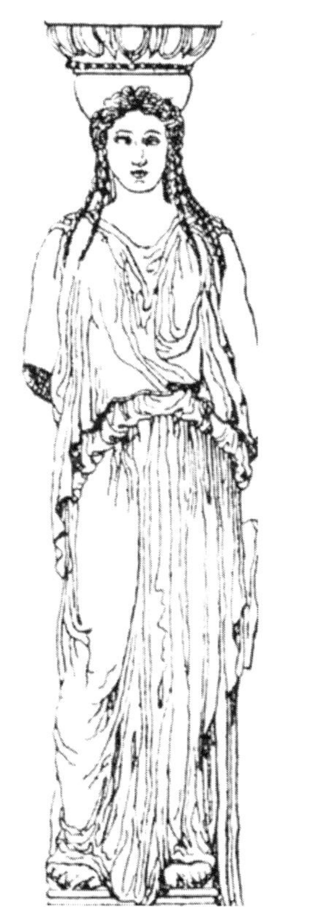

Abb. 18: **Karyatide**

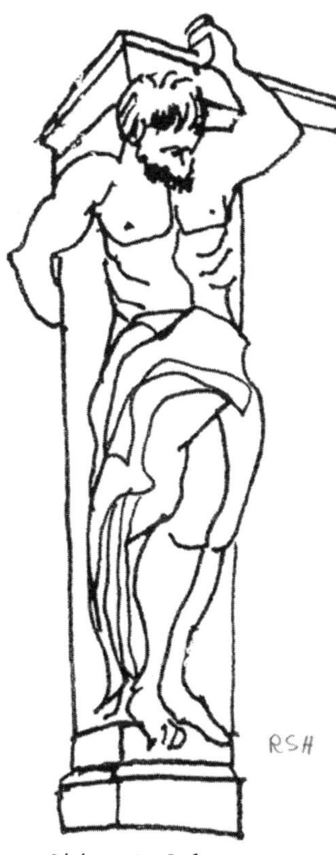


Abb. 19: **Atlant**

An repräsentativen Bauten gibt es das **Akroterion** (eine Dachbekrönung am Giebelscheitel und an den Ecken, Abb. 20), zum Beispiel mit Götterfiguren, **Voluten** oder **Palmetten** sowie symbolischen Tierfiguren wie **Löwe** (Abb. 21), **Adler** (Abb. 22), **Eule** (Abb. 23) oder **Delfin** (Abb. 24).

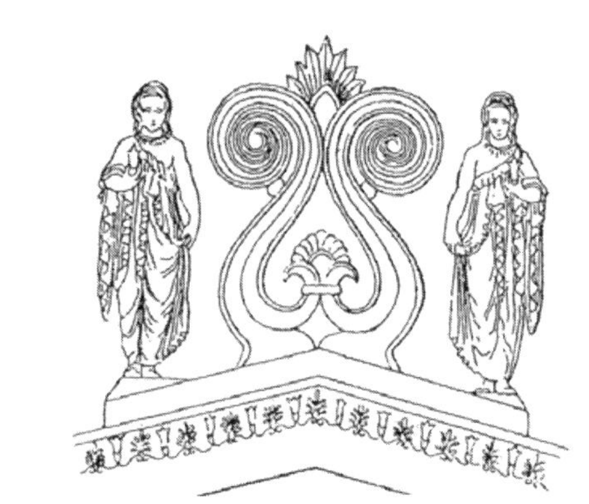

Abb. 20: **Akroterion**

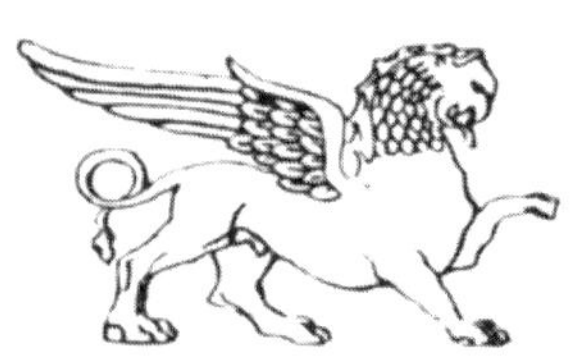

Abb. 21: **Löwe**

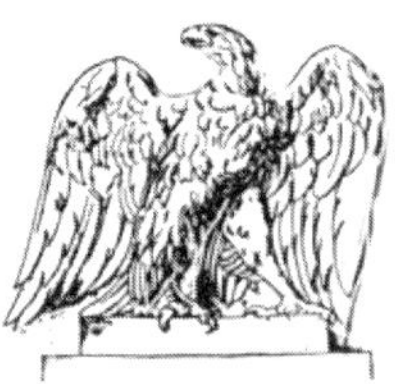

Abb. 22: **Adler**

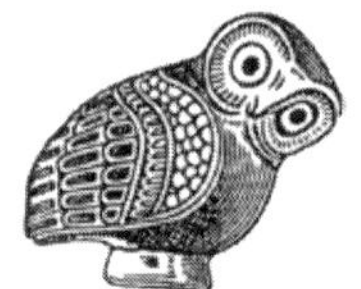

Abb. 23: **Eule**

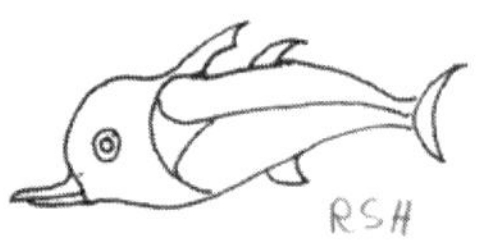


Abb. 24: **Delfin**

Es gibt **Fabelwesen**, oft zur Abwehr eines Unheils, wie den **Greif** (einen **Löwenkörper** mit **Vogeloberteil**, Abb. 25) und die **Medusa** (ein schlangenhaariges, drohendes Frauenhaupt, Abb. 26).

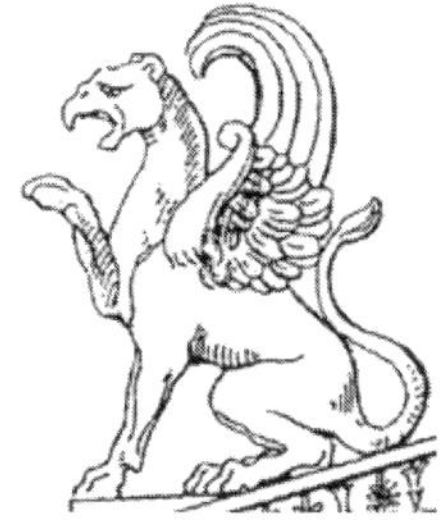

Abb. 25: **Greif**

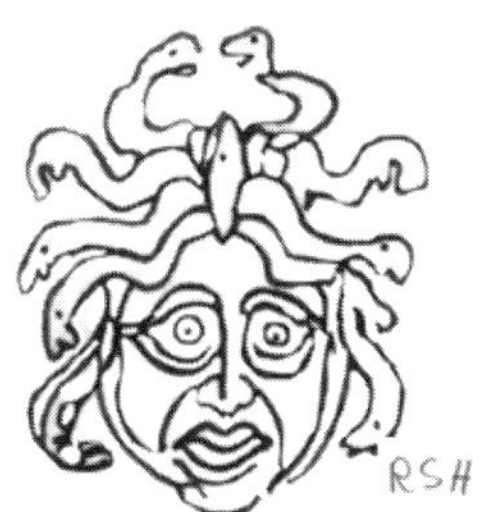


Abb. 26: **Medusa, Gorgonenhaupt**

Weiter kommen als Ornamente verschiedene pflanzliche Figuren vor: **Akanthusblatt** (Abb. 27), **Palmette** (Abb. 28), **Pyr** (Pinienzapfen, Abb. 29). Gern schmückt man die Decken der Räume mit **Kassetten**, manchmal mit einer **Rosette,** einer stilisierten Blüte (Abb. 30), im Zentrum.

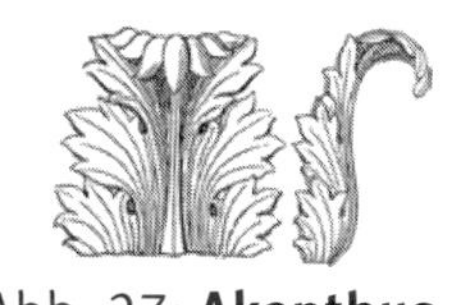

Abb. 27: **Akanthusblatt**

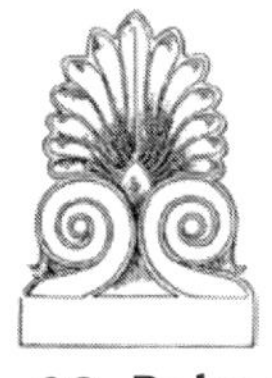

Abb. 28: **Palmette** mit **Voluten**

Abb. 30: **Kassette** mit einer **Rosette**

Abb. 29: **Pyr (Pinienzapfen)**

Der **Fries**, ein Schmuckstreifen, ist mit geometrischen oder pflanzlichen Motiven verziert, wie zum Beispiel der **Triglyphenfries** (Abb. 31), bei dem sich gekerbte Rechtecke mit glatten Flächen für plastische oder gemalte Bilder abwechseln. Häufig taucht die **Zahnschnittleiste** (Abb. 32) auf.

Abb. 31: **Triglyphenfries**

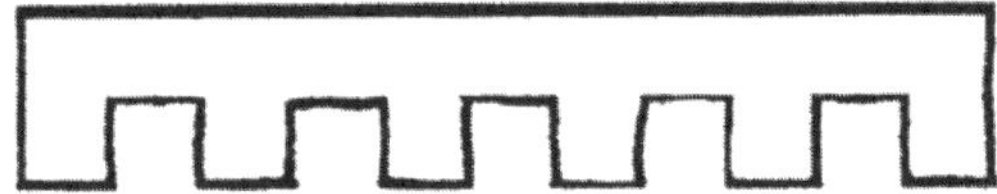

Abb. 32: **Zahnschnittleiste**

Typische Muster, die oftmals miteinander kombiniert werden, sind **Perl-** oder **Eierstab** (Abb. 33).

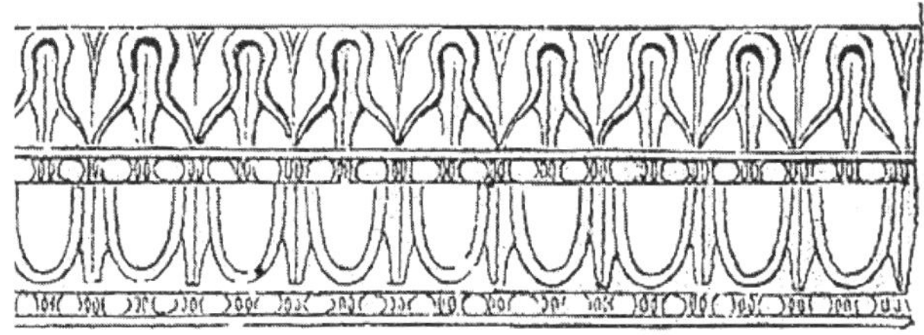

Abb. 33: **Perl-** oder **Eierstab (Kymation)**

Es kommen auch **Mäander** (Abb. 34), **Laufender Hund** oder **Wellenband** (Abb. 35) sowie **Palmettenfries** (Abb. 36 a und b) und vielfältige Variationen vor, wie der **Olivenzweig-** (Abb. 37) **oder Blütenfries** (Abb. 38 a und b).

Abb.34: **Mäander**

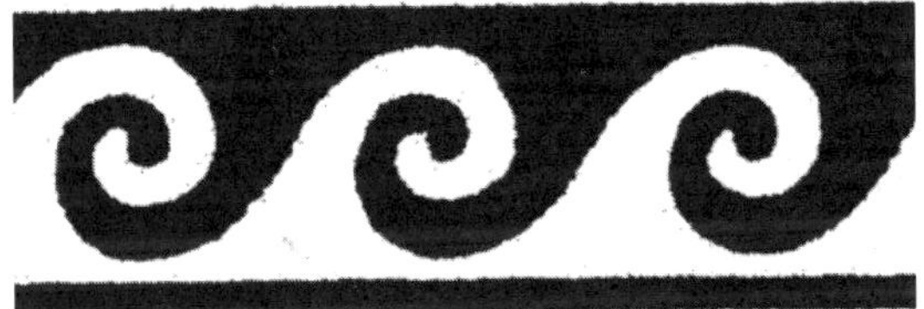

Abb. 35: **Laufender Hund (Wellenband)**

Abb. 36 a: Fries mit **Palmetten, Lotosblüten** und **Helices** (Spiralen)

Abb. 36 b: **Fries** mit **Palmetten** und **Helices (Spiralen)**

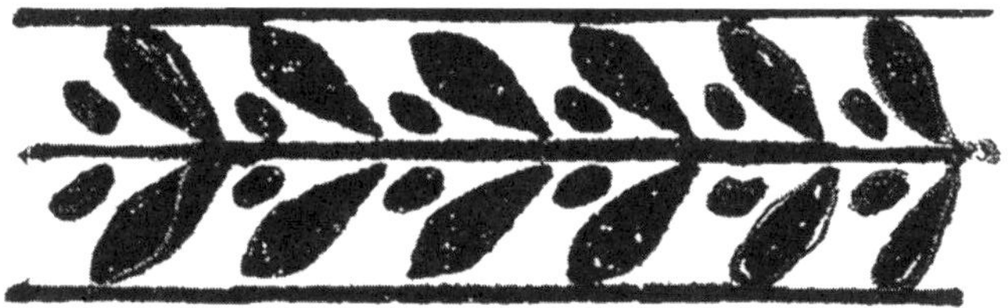

Abb. 37: **Olivenzweigfries**

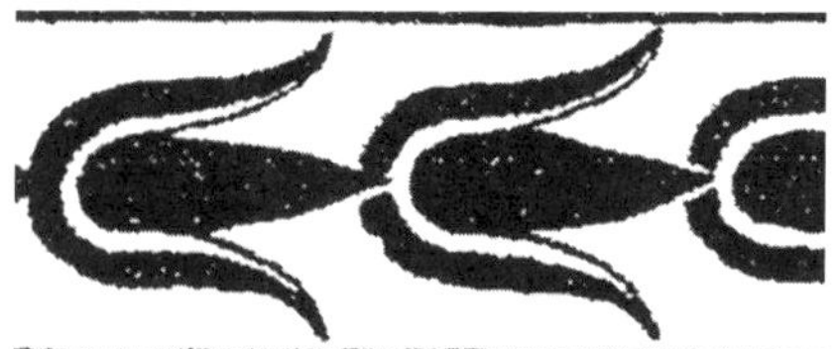

Abb. 38 a: **Blütenfries**

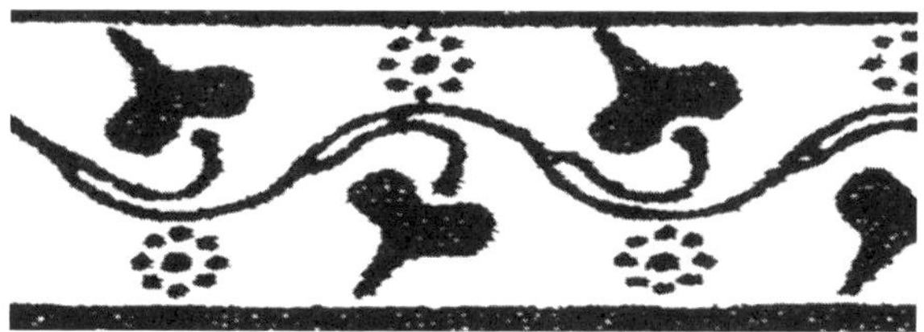

Abb. 38 b: **Blütenfries**

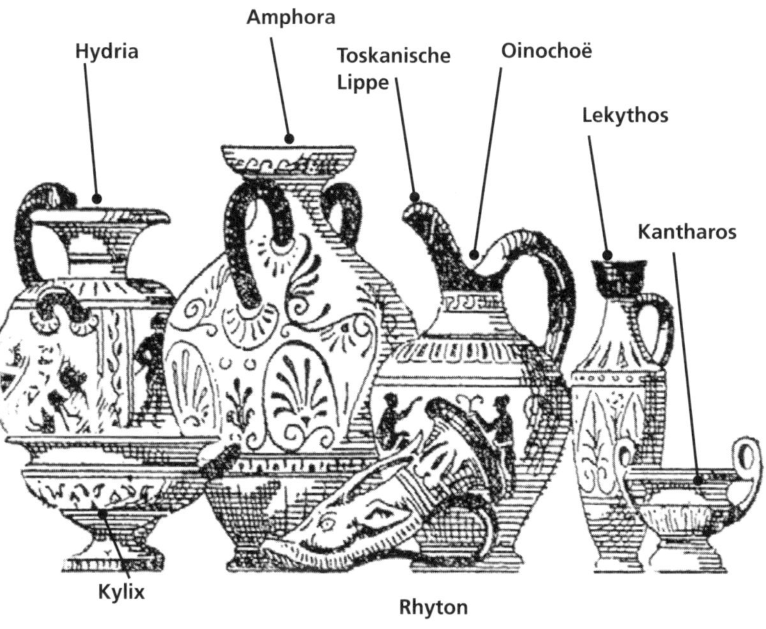


Abb. 39: Die **griechischen Vasenarten**
(außer Kratér, s. nächste Seite)

Alle diese Ornamente kommen außer an Bauwerken auch an Möbeln, Gerät, Textilien u.a. vor (Abb. 31–38, 40).

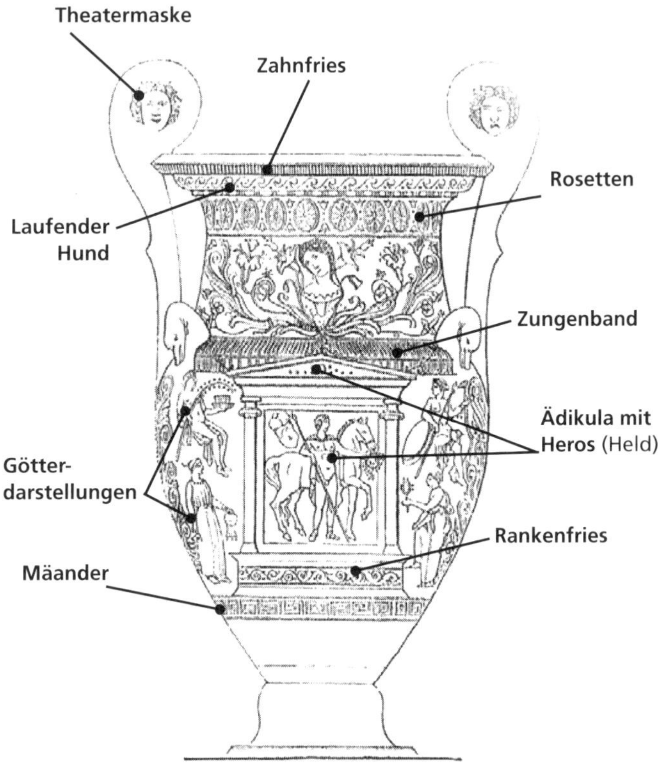


Abb. 40: **Vasenaufbau: Kratér** (Mischkrug)

**Diese klassische Formensprache begegnet uns bis heute überall, denn das Schönheitsideal der Antike, ja deren gesamte Kultur ist prägendes Vorbild für Europa und die westliche Welt bis in die Gegenwart geblieben.**

# 3. Römische Antike (ca. 500 v. Chr. bis 300 n. Chr.)

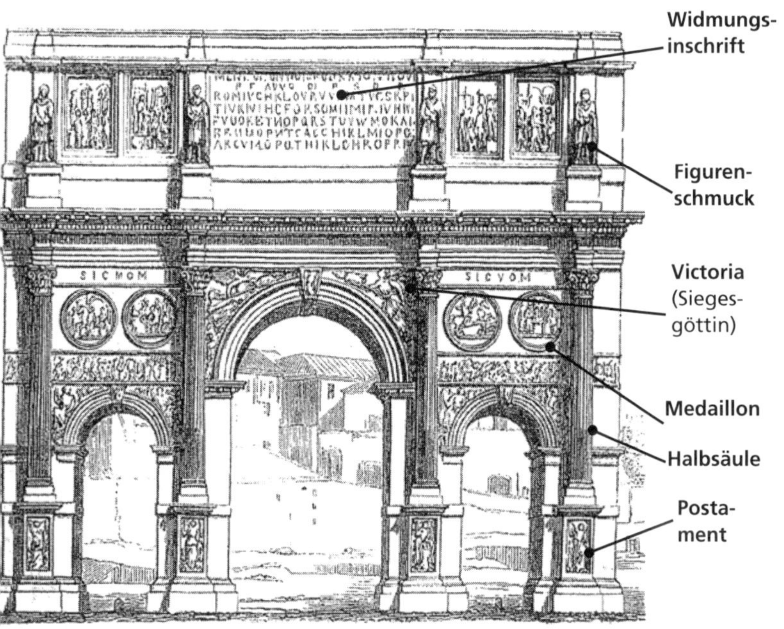


Abb. 41: **Triumphbogen**

Im Zuge der Ausbreitung der römischen Herrschaft über die Griechen wird auch die gesamte griechische Kultur übernommen, die Götterwelt und die Architektur werden angepasst. Die griechische Sprache wird von den Gebildeten des ganzen Römischen Reichs benutzt wie das Latein im Europa des Mittelalters.

Die pragmatischen Römer schaffen ein Weltreich, teilen es in Provinzen ein und werden reich und mächtig durch Straßenbau für Truppentransport, Handel und Steuererhebung. In der Folge wird erstmals in der Weltgeschichte die »klassische Kunst« der Griechen zusammen mit der äußerst raffinierten römischen Kunst auch unter fremden Völkern verbreitet.

Die Architekten und Ingenieure sind technisch enorm begabt, ihre genialste Leistung ist der **Rundbogen**, welcher zweitausend Jahre lang unersetzlich bleibt zum Überspannen weiter Öffnungen, bis zur Erfindung des Spannbetons Ende des 19. Jahrhunderts! Auch die Entwicklung des Mauerwerks aus nun überall verfügbaren gebrannten Lehmziegeln statt aus mühsam behauenen Steinen ermöglicht die massenhafte Errichtung von monumentalen Bauten, neben Tempeln auch von profanen (weltlichen) Gebäuden.

**Durch die Errungenschaft des Rundbogenbaus entstehen prunkvolle Gebäude mit Kuppeln (Abb. 42), Triumphbögen (Abb. 41) in Tempeln, Palästen, Mausoleen (Grabmonumenten) und Thermen (öffentlichen Bädern), zudem reine Ingenieurbauten wie Brücken und Aquädukte (Überlandwasserleitungen).**

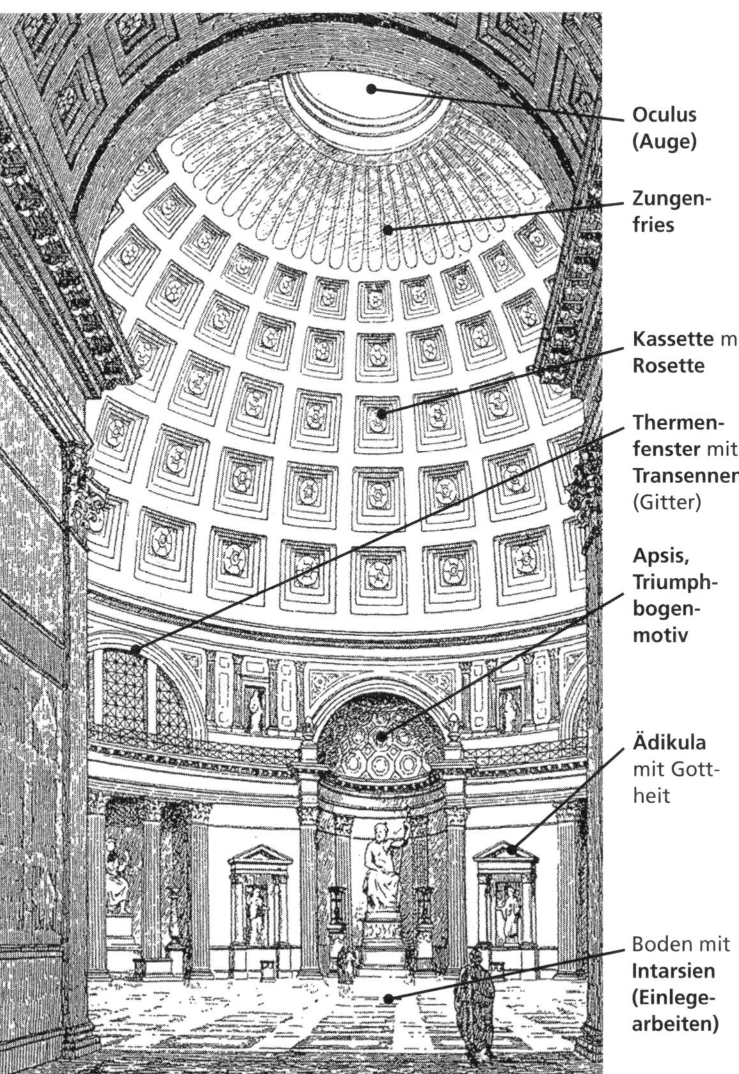


Abb. 42: **Kuppel** des Pantheons in Rom

Aus **Rundbögen** entstehen außer **Kuppeln** auch zylindrische Tonnengewölbe. Sind die Bögen rechtwinklig ineinandergesteckt, dann spricht man von einem **Kreuz(grat)gewölbe** (Abb. 43). Schließlich dienen die Bögen zur Lastenverteilung im Mauerwerk, besonders bei Öffnungen für Fenster und Türen, beispielsweise **Thermenfenster** mit **Transennen** (einem Gitter, Abb. 44). **Kassetten** (Abb. 42), oft mit **Rosetten,** schmücken die Decken.

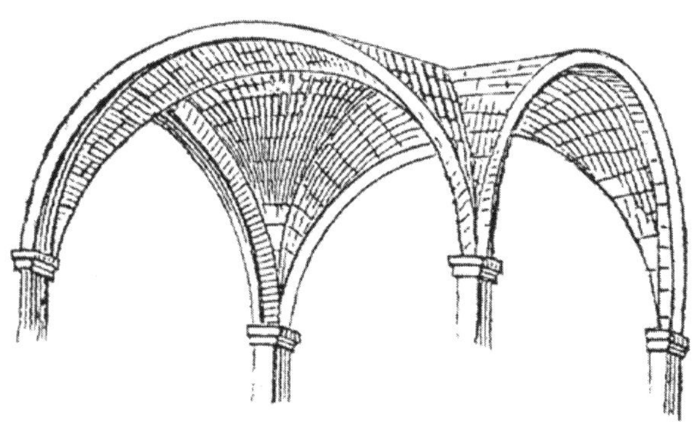

Abb. 43: **Kreuz(grat)gewölbe**

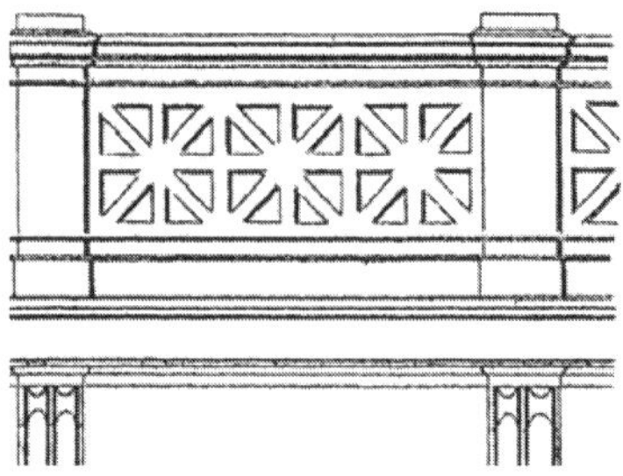

Abb. 44: **Transennen** (hier in einer **Estrade**)

**Säulen** haben meist keine tragende, sondern eine ornamentale Funktion, oft als Halb- oder Dreiviertelsäulen an der Wand. Wenn alle drei klassischen **Säulenordnungen** übereinander an einer Fassade vorkommen, unten die **dorische**, darüber die **ionische** (oben oft die korinthische Ordnung, s. Abb. 15, 16, 17), spricht man vom **Römischen System** (Abb. 45).

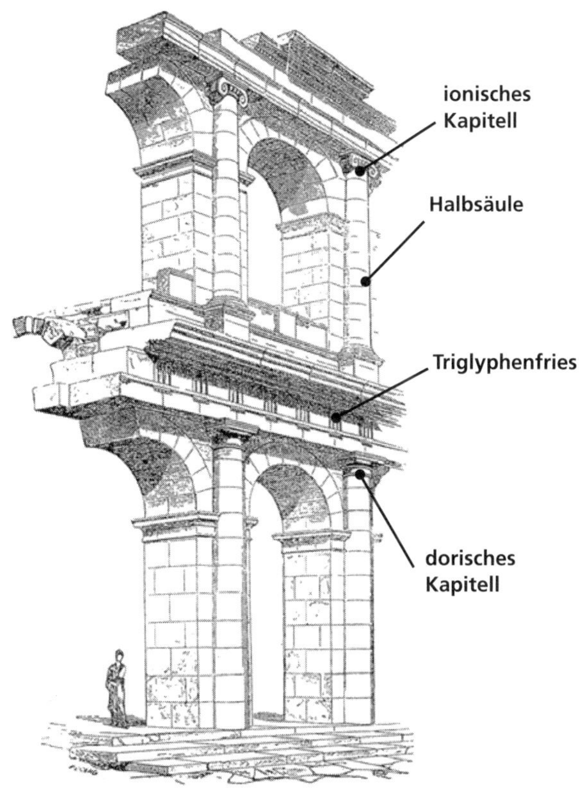


Abb. 45: **Römisches Wandsystem**

**Ädikulen**, Wandnischen in Form einer Tempelfront (Abb. 46) mit Figuren und anderen griechischen Ornamenten, verzieren nun auch die römischen Wände. Die Ädikula ist Rahmen oder Nische für die Abbildung eines Gottes, eines **Heros** (Helden) oder eines Würdenträgers; auch von Porträt oder Urne eines Verstorbenen.

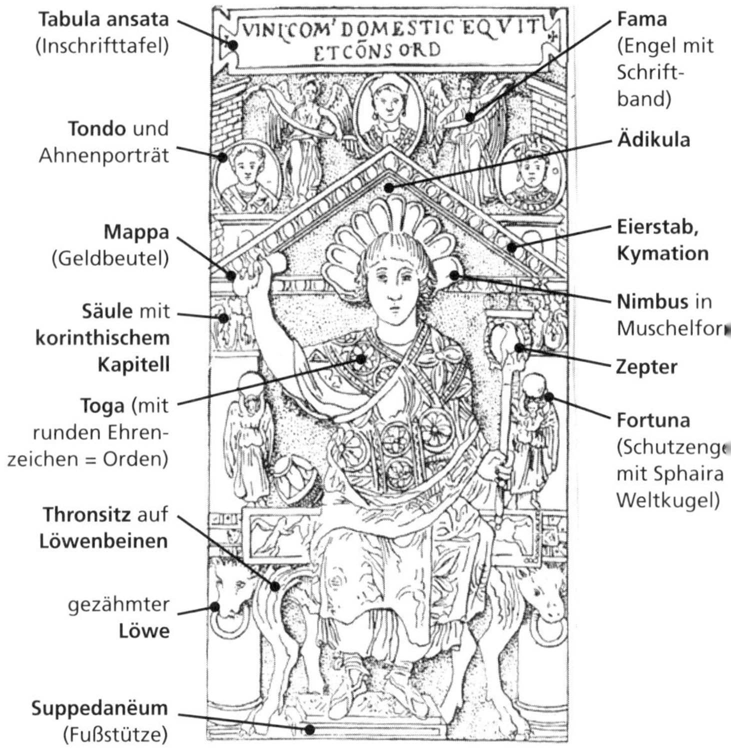


Abb. 46: **römische Ornamente**

Wand oder Boden werden mit üppigen **Mosaiken** aus Glas- oder Steinwürfelchen (Abb. 47) oder mit **Intarsien** (**Einlegearbeiten**, Abb. 48) bedeckt.

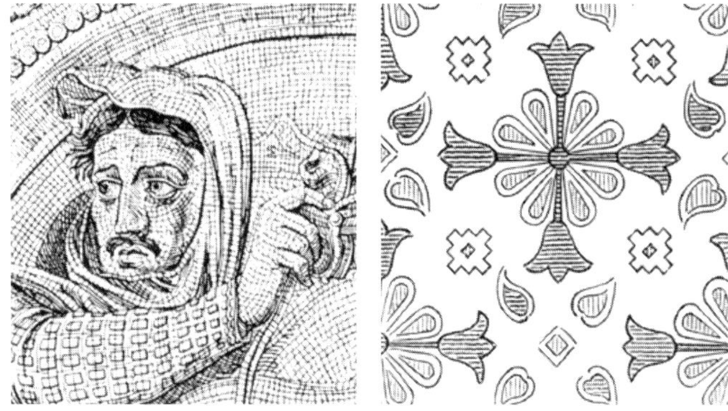

Abb. 47: **Mosaik** Abb. 48: **Intarsie**

Ein beliebtes Wand- und Deckenornament ist das **Feston** (Abb. 49), eine Girlande aus Blättern, Blüten oder Früchten – hier mit **Bukranion** (einem Tierschädel als Opfergabe).

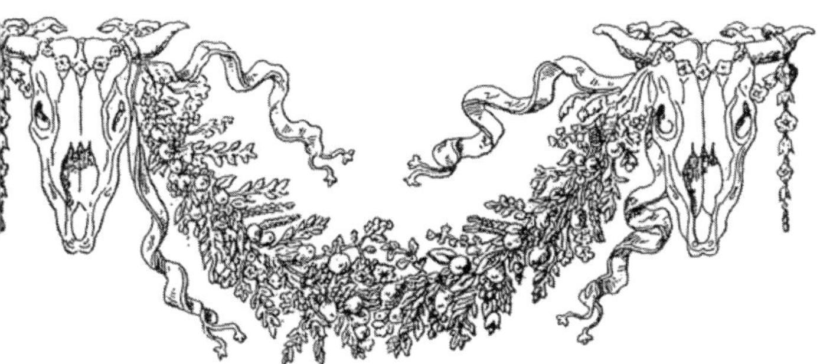

Abb. 49: **Feston** mit **Bukranion**

Weitere Ornamente sind das **Füllhorn** (Abb. 50), das **Augusteische Rankenwerk** aus üppigen pflanzlichen Spiralen (Abb. 51), das **Tropaion** (ein Waffengehänge als Siegeszeichen, Abb. 52) und die **Groteske** (ein surreales Ornament aus Vasen, Ranken, Büsten und **Fabelwesen**, Abb. 53). Häufig dargestellt ist auch der römische (Doppel-)Adler.

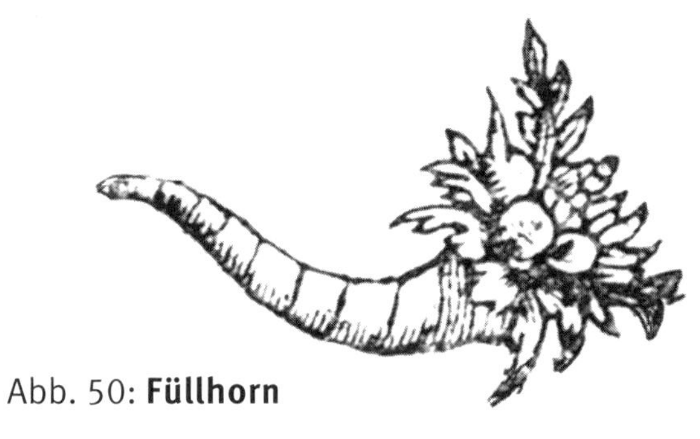

Abb. 50: **Füllhorn**

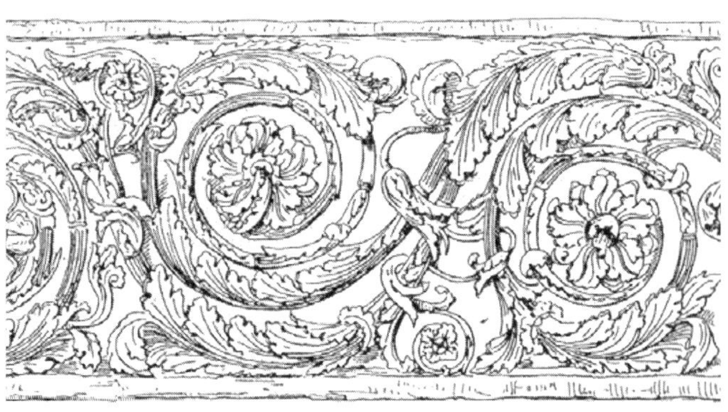

Abb. 51: **Augusteisches Rankenwerk**

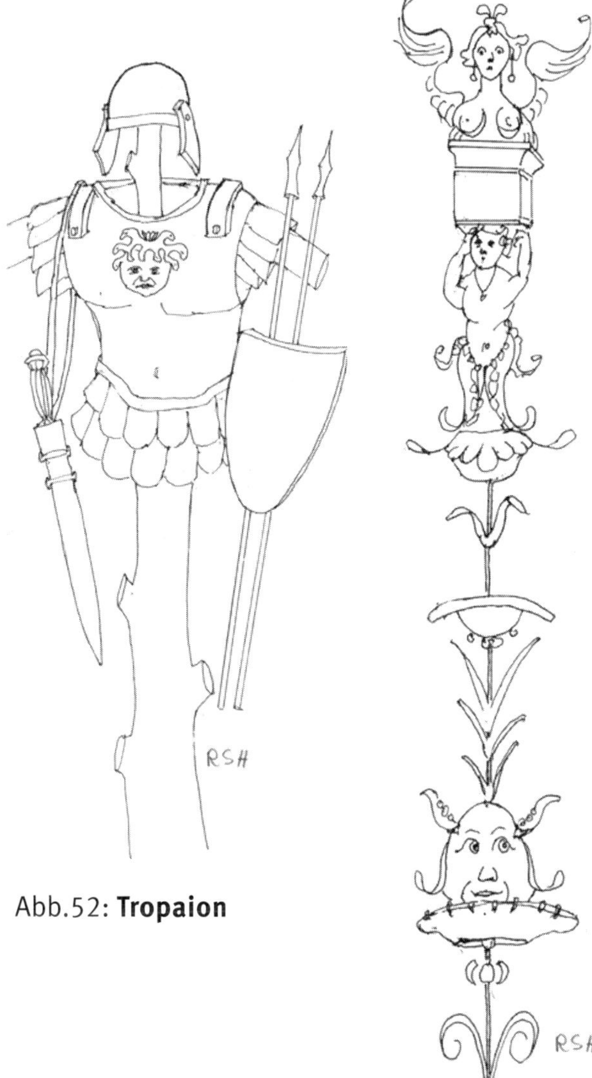


Abb.52: **Tropaion**

Abb. 53: **Groteske**

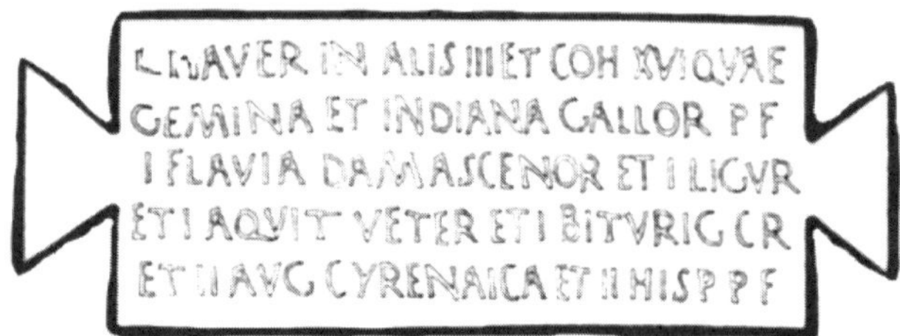


Abb. 54: **Tabula ansata**

Beliebte Ornamente sind die verschiedenen Vasentypen mit und ohne Inhalt, die **Tabula ansata** (eine Inschrifttafel mit stilisierten Griffen, Abb. 54) sowie das **Faszien-** oder **Rutenbündel** (Abb. 55).

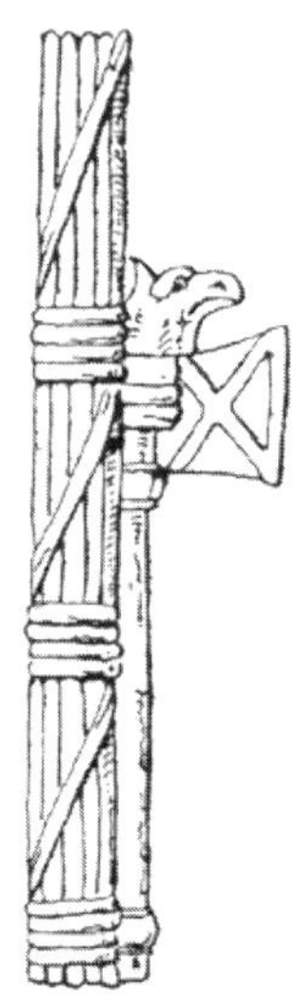

**Die Römer haben den Stil der griechischen Klassik reich ausgestaltet und variiert und treiben einen nie da gewesenen Luxus in allen Formen des Götterkults und der weltlichen Kultur, in Malerei, Bildhauerei, Kunsthandwerk, Literatur und Theater. Der hohe Standard der römischen Bauten sollte erst wieder Ende des 19. Jahrhunderts erreicht werden.**

Abb. 55: **Faszien-** oder **Rutenbündel** mit Beil

# 4. Christliche Spätantike und byzantinische Kunst (ca. 300 bis 800)

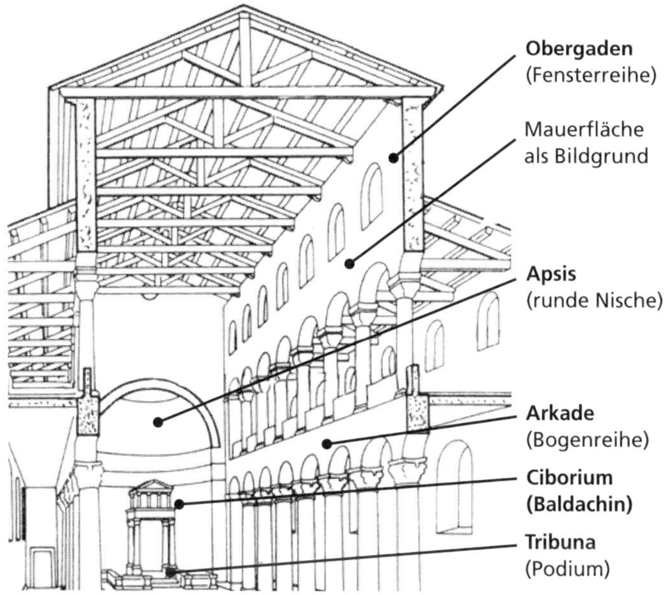


Abb. 56: **Basilika**

Nachdem das Christentum zur römischen Staatsreligion geworden war, symbolisieren Kunst und Kunsthandwerk in erster Linie jenseitsgerichtete, christliche Inhalte. Für die Versammlung der Gläubigen benötigt man große Räume. Die wichtigste Neuerung ist der Bautyp der **Basilika** (Abb. 56), welcher zunächst als Markt-, Gerichts- und Versammlungsraum diente. Zur besseren Belichtung ist das Mittelschiff erhöht und mit Fenstern versehen.

Dank der Verwendung gebrannter Ziegel kann man jetzt dünnere Wände mit enger stehenden Fenstern bauen.

Das Mittelschiff der **Basilika** wird getragen von **Arkaden** (**Säulen-** oder **Pfeilerreihen** mit Bögen, Abb. 57) oder von **Kolonnaden** (Säulenreihen mit geradem oberen Abschluss, Abb. 58). **Säulen** finden sich nun auch in Innenräumen und stammen oft von Tempeln, die ihre Funktion verloren haben.

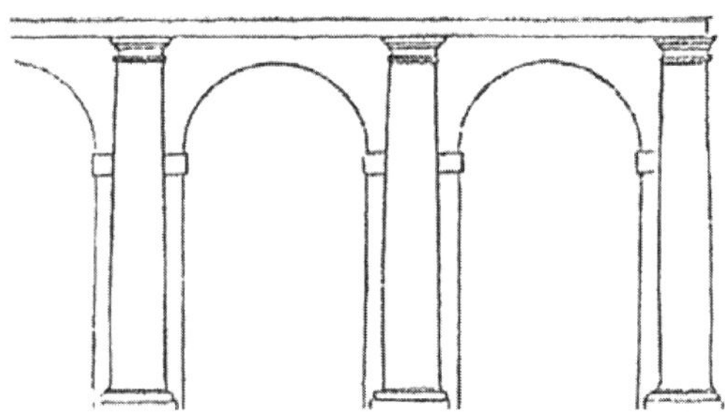

Abb.57: **Arkade**

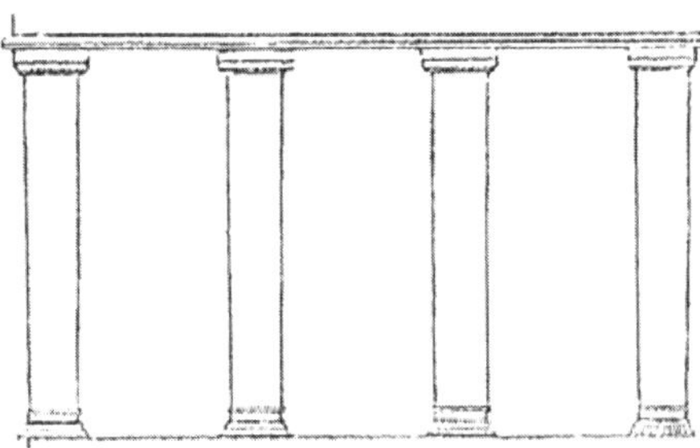

Abb. 58: **Kolonnade**

Die Flächen unter den Fenstern des Mittelschiffs dienen als Bildträger der Vermittlung christlicher Inhalte für die des Lesens unkundigen Laien.

Als Ornamente tauchen schlichte Symbole auf, wie das griechische **Christusmonogramm XP** mit **Alpha und Omega** (Anfang und Ende des griechischen Alphabeths), **Pfauen** und **Weinreben** (Abb. 59).

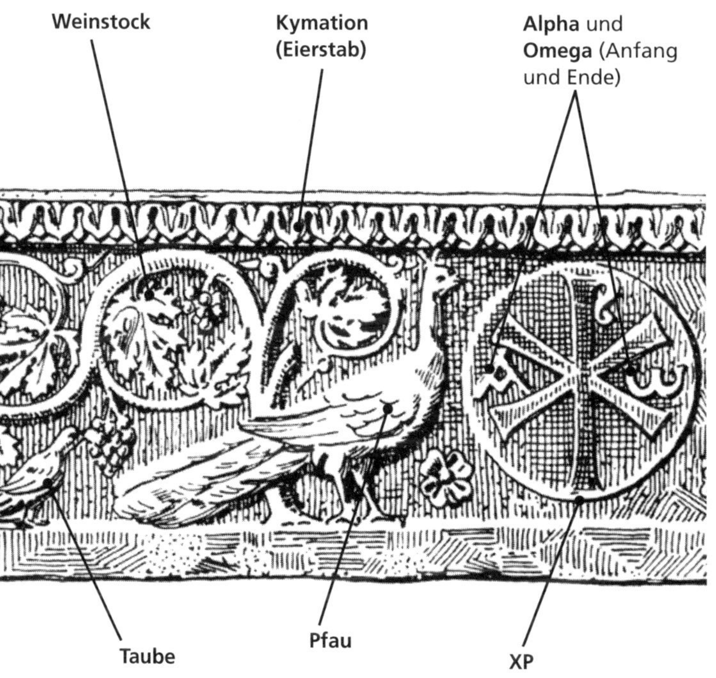


Abb. 59: christlicher **Wandfries**

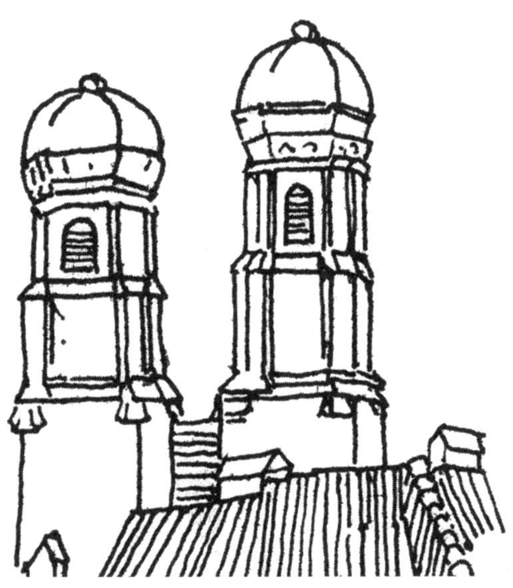

Abb. 60: **welsche Hauben** der Münchner Frauenkirche

Der Sitz des römischen Kaisers verlagert sich von Rom nach Byzanz, das zu Konstantinopel wird. Dort entsteht nach dem Vorbild des Pantheon in Rom (Abb. 42) die riesige **Kuppel** der Kirche Hagia Sophia, die wiederum zum Vorbild für alle späteren Kuppelbauten wird – von den fünf Kuppeln der Markuskirche in Venedig über die Turmhauben der Münchner Frauenkirche (Abb. 60) bis hin zu den **Zwiebeltürmen** (Abb. 62). Für Turmhauben kommt im deutschsprachigen Raum der Begriff **„welsche Hauben"** (Abb. 60, 61, 62) auf.

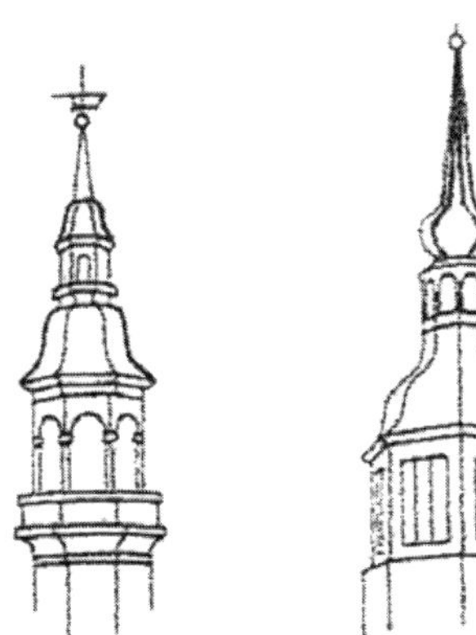

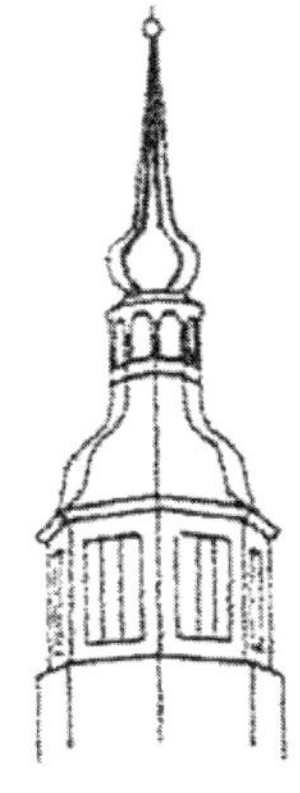

Abb. 61: **welsche Hauben**

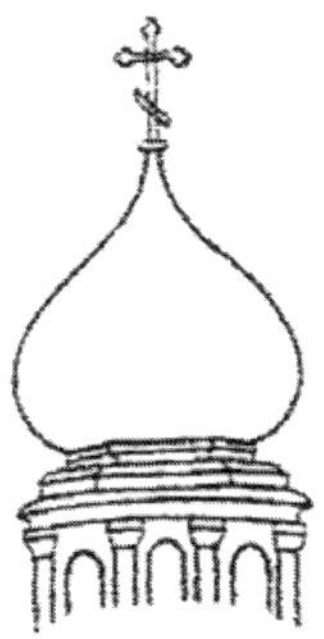

Abb. 62: **Zwiebelturm**

Auch die **Zwiebeltürme** der **orthodoxen Kirchen** in Osteuropa (Abb. 63) und deren byzantinische Formensprache gehen auf die Spätantike zurück.

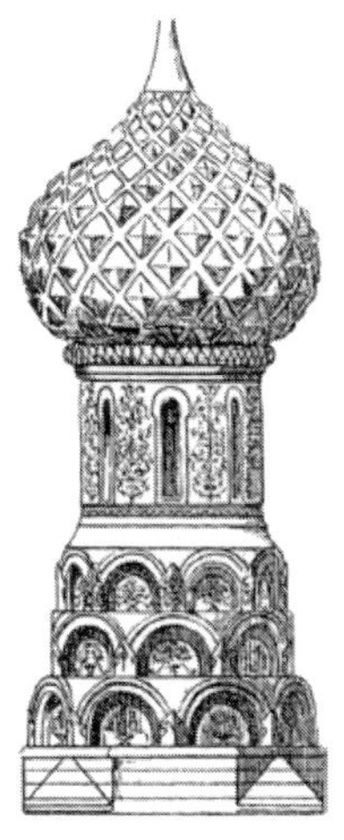

Abb. 63: russisch-orthodoxer **Zwiebelturm**

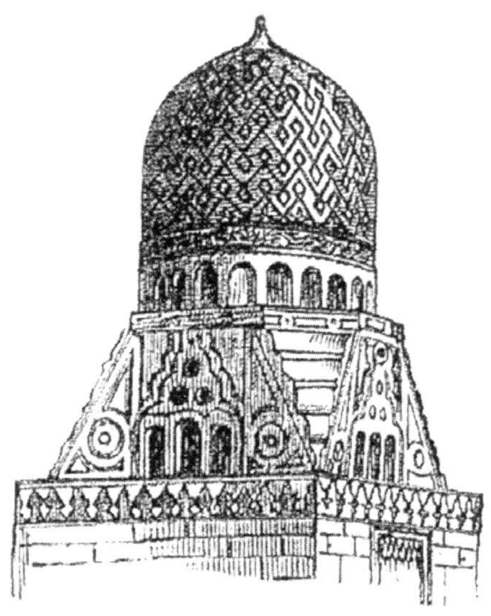

Abb. 64: **Moschee-Kuppel**

**Genau genommen gehen alle Kuppeln – auch die Kuppeln der Moscheen (Abb. 64) – auf die Errungenschaft der Römer zurück: den Rundbogen und daraus resultierend die Kuppel!**

# 5. Romanik (ca. 800 bis 1200)

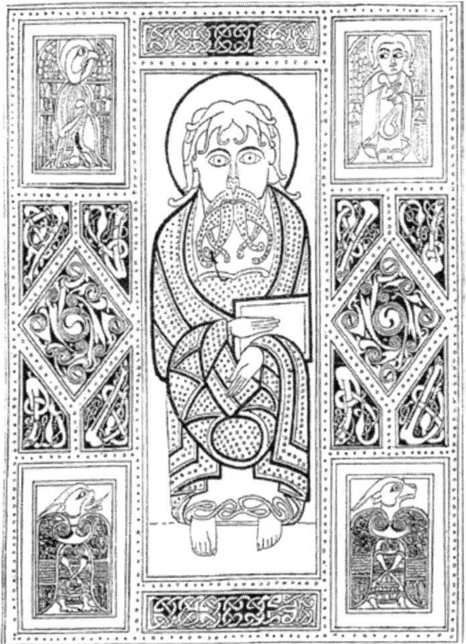

Abb.65: **keltische Ornamente**

Die raffinierte und überfeinerte Kultur der Antike ist über Jahrhunderte in Vergessenheit geraten. In den wirren Zeiten der Völkerwanderung etwa ab 500 gibt es zunächst kaum eine kulturelle Weiterentwicklung, doch erschaffen irische Missionare einen neuen **keltischen Stil, mit verschlungenen Tierleibern** (Abb. 65), welcher die Buch- und Wandmalerei sowie das Kunsthandwerk beeinflusst.

Die römische Antike ist, wie der Name Romanik schon sagt, weiterhin, wenn auch sehr schlicht präsent. Kennzeichnend ist immer noch der **Rundbogen**. Typisch sind jetzt blockhafte, geometrische Bauformen und wuchtige Mauern mit kleinen Fenstern und Türen. Allerdings ist die Kunst des Gewölbebauens schon im frühen Mittelalter für Jahrhunderte verloren gegangen.

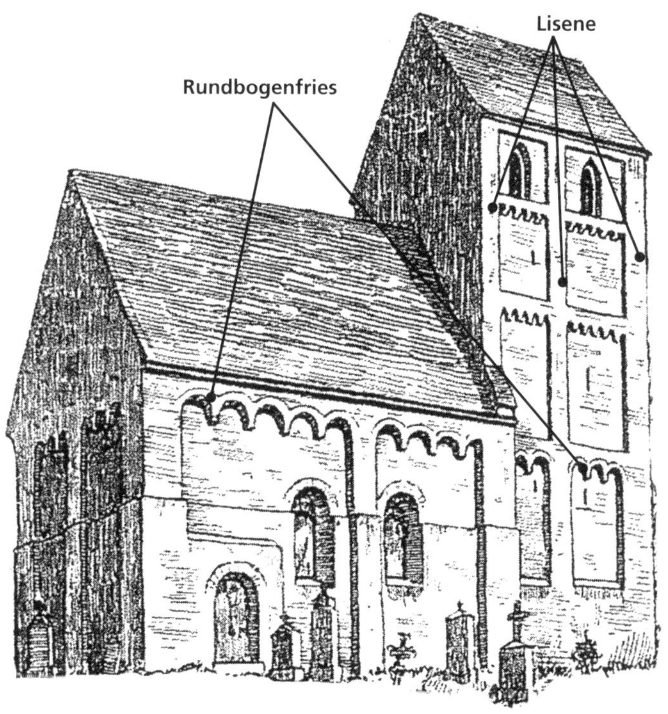


Abb. 66: **romanische Dorfkirche**

Karl der Große versucht um 800, das einheitliche Römische Reich wiederherzustellen, und orientiert sich dabei an der spätantiken römischen Kultur. Der eigentliche romanische Stil bildet sich etwa um die erste Jahrtausendwende aus, als eine wesentlich stärkere Bautätigkeit einsetzt.

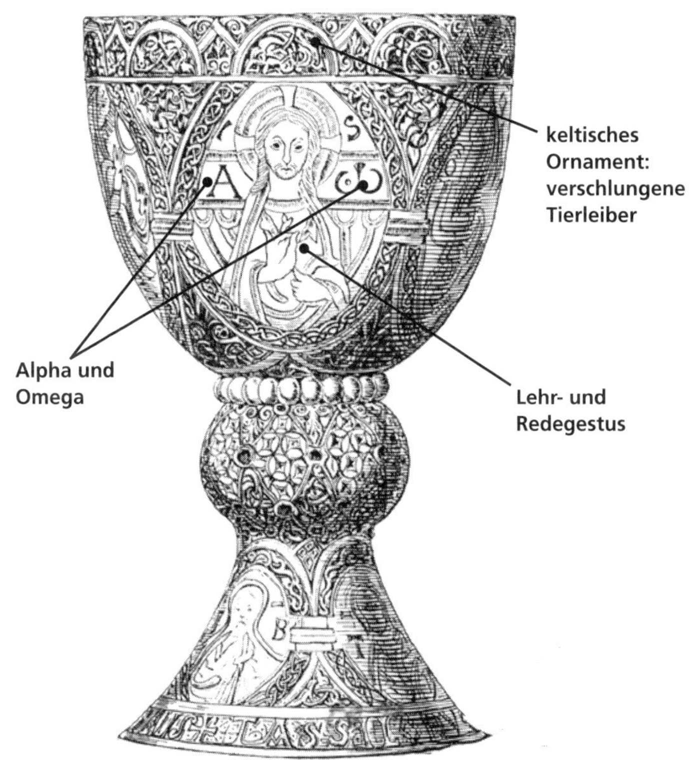


Abb.67: **karolingische Ornamente**

Etwa gleichzeitig entsteht die gewaltige **Kathedrale** (Bischofssitz, Abb. 68), eine **Basilika**, welche, meist mit zwei großen Türmen, das Stadtbild beherrscht.

Die klar gegliederten Mauern werden durch **Giebel** und kleine Rundbogenfenster (oft paarweise als **Biforien** oder dreifach als **Triforien**) gestaltet. Die Wände sind mit **Blendarkaden** und mit **Rundbogenfriesen** geschmückt (Abb. 68).

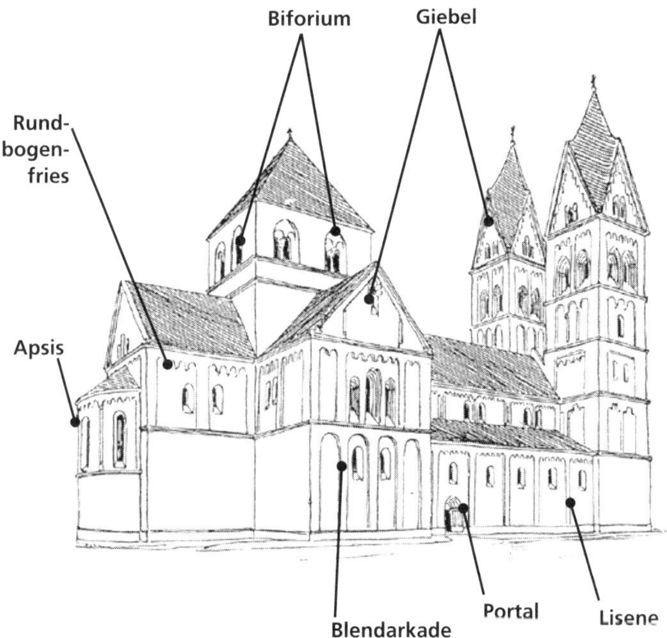


Abb. 68: **romanische Kathedrale**

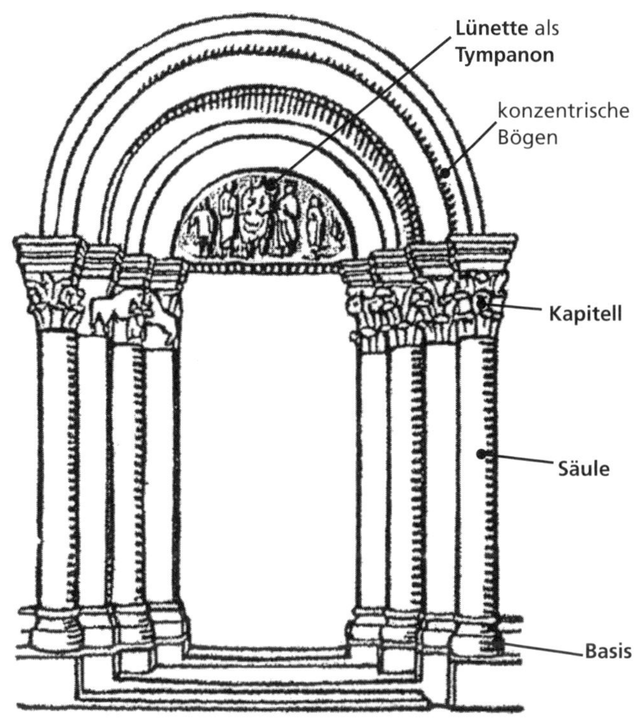


Abb. 69: **getrepptes Portal**

Das **»getreppte« Portal** mit **konzentrischen Bögen** und oben mit einer **Lünette** (einem **Bogenfeld**, meist mit Bildrelief) als **Tympanon**, bildet den würdevollen Eingang zum Gotteshaus (Abb. 69).

**Plastische Bildwerke der Heilsgeschichte sind völlig in die Architektur eingebettet.**

Ornamente zeigen sich an den Fassaden und im Innenraum der Bauten in reicher Vielfalt in Gestalt von unheilabweisenden **Fabelwesen**, Tieren und Pflanzen, beispielsweise auf den **Kapitellen** (Abb. 70 a und b).

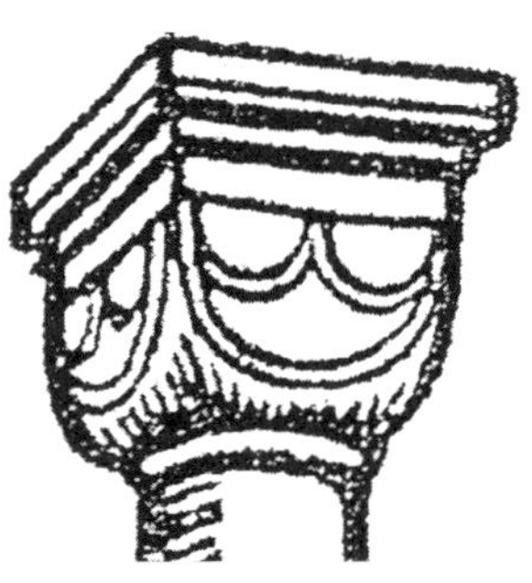

Abb. 70 a: **Würfelkapitell**

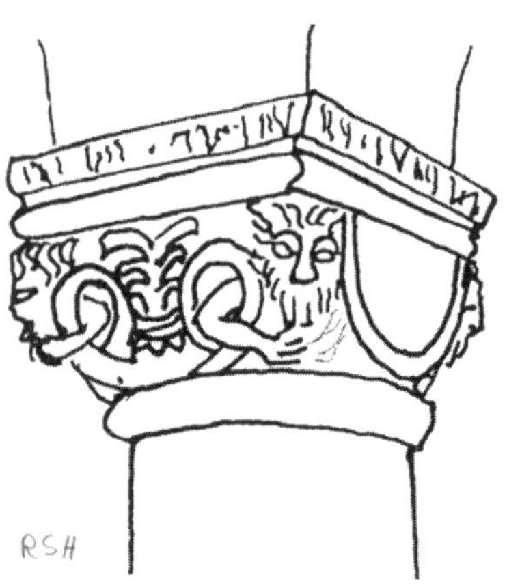


Abb. 70 b: **Würfelkapit**
mit **Fabelwesen**

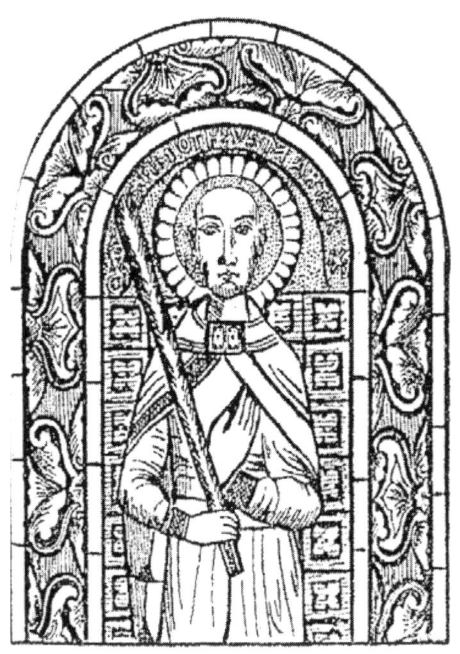

Abb.71: **karolingische Glasmalerei**

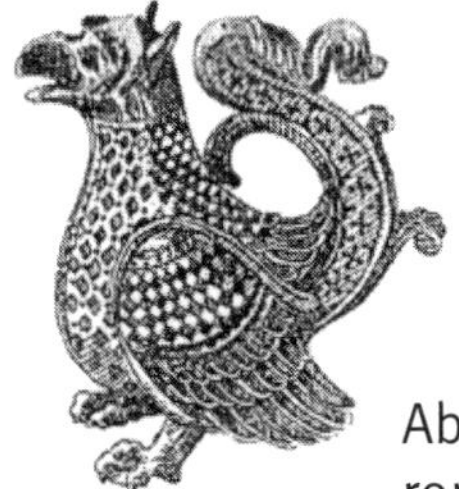

Abb. 72: **Greif (Fabelwesen),** romanisches Gießgefäß

Auch die Buch- und **Glasmalerei** (Abb. 71) sowie das Kunsthandwerk (Abb. 72) gelangen in den Klöstern zu höchster Blüte.

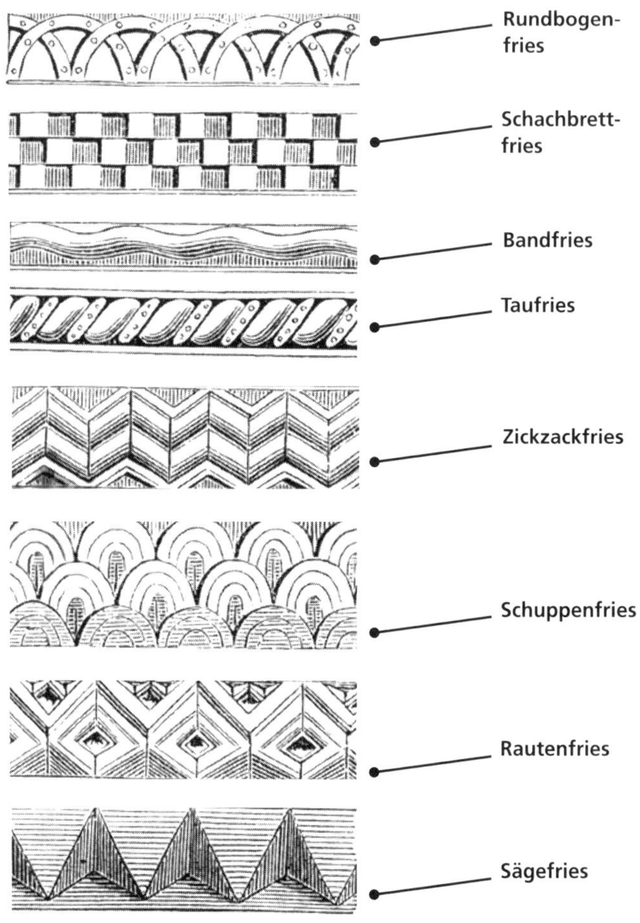


Abb. 73: **romanische Friese**

**Der romanische wie auch die folgenden Stile der Gotik, Renaissance und des Barock kommen im Historismus des 19. Jahrhunderts nochmals groß in Mode als »Neo-« oder »Neu-«.**

# 6. Gotik (ca. 1150 bis 1500)

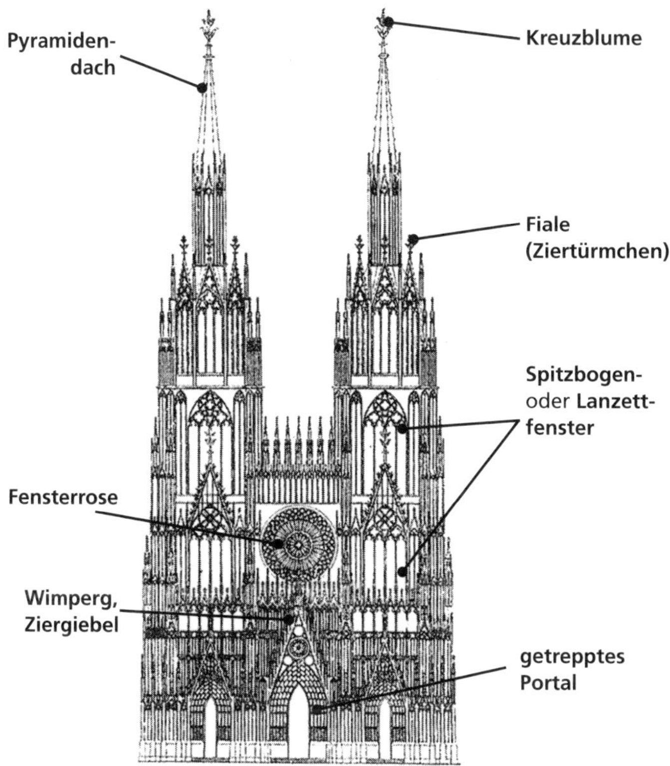


Abb. 74: **gotische Kathedrale**

Alles Streben des mittelalterlichen Menschen ist beseelt vom Gedanken an das Jenseits. Auch die Bauwerke, insbesondere die **gotische Kathedrale** (Abb. 74), ja sogar Darstellungen der menschlichen Figur werden gestreckt und streben zum Himmel.

**Erstmals verblasst der Geist der Antike. Es bildet sich ein neuartiger, zum Teil abstrakter, nicht gegenständlicher Stil heraus.**

Beispiellos Neues entsteht: Die Statik dient jetzt auch der Ornamentik. Wände kann man beim **gotischen System** (Abb. 76) viel dünner bauen, indem man außen zur Stütze des Mauerwerks **Strebepfeiler** und **Strebebögen** anbringt, innen stützen Kreuzrippen das Gewölbe.

Die Türme erhalten ein steiles **Pyramidendach**, das manchmal durchbrochen ist. Der neue elegante **Spitzbogen** macht es nun möglich, den Zwischenraum der **Pfeiler** und die Fensteröffnungen schlanker zu gestalten und so den Raum für die herrlichen bunten Glasfenster zu vergrößern – für das „himmlische Licht".

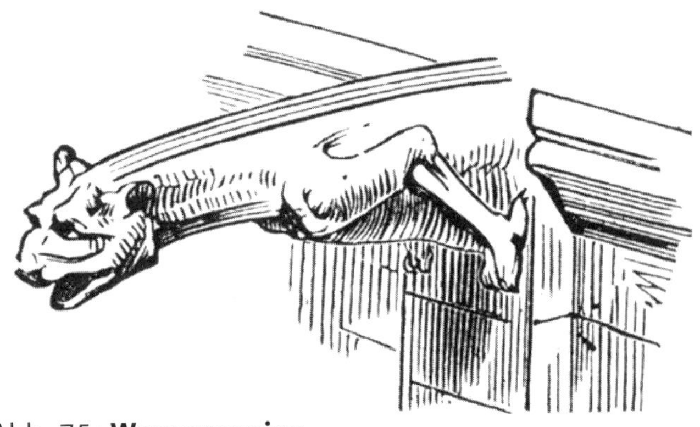

Abb. 75: **Wasserspeier**

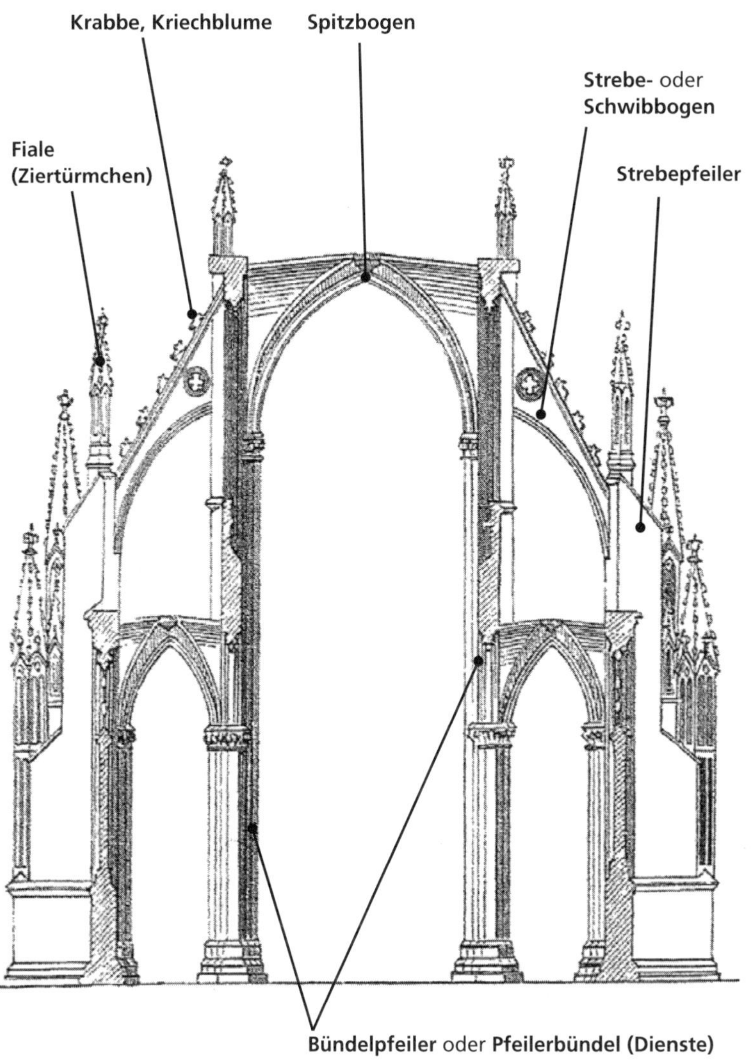


Abb. 76: **gotisches System, Skelettkonstruktion**

Andererseits verstärkt man innen die **Grate** der **Kreuzgewölbe** durch **Rippen** und zusätzlich in den Schnittpunkten mit geschmückten **Schlusssteinen** (Abb. 77 und 78). Die **Rippen** laufen als **Dienste** (Abb. 76 und 77) senkrecht an den **Pfeilern** nach unten. Das so entstandene **Pfeilerbündel** erhöht die Stabilität zusätzlich. Zierliche **Konsolen** finden sich zur Gliederung am **Gewölbeansatz**.

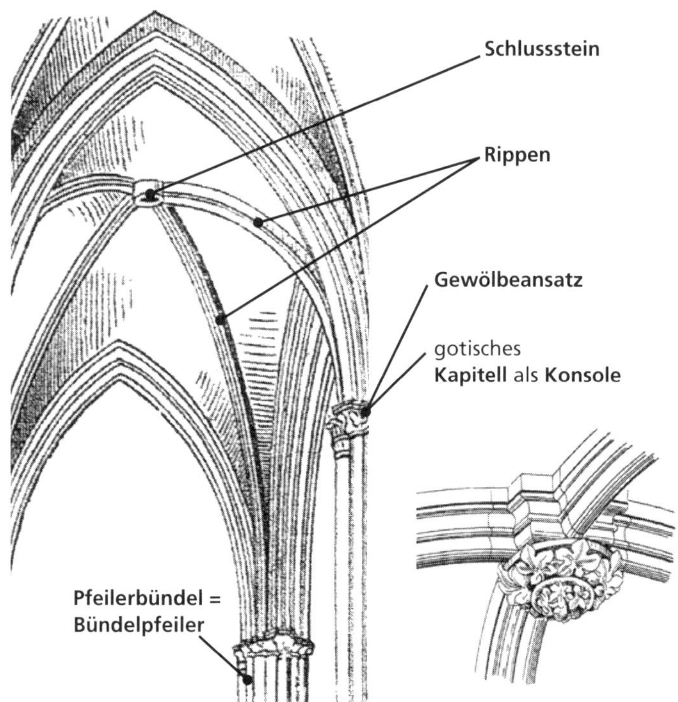


Abb.77: **Kreuzgratgewölbe** mit **Rippen**

Abb. 78: **Schlussstei**

Die **Rippen** der Gewölbe fügen sich zu Mustern zusammen und bilden **Netzgewölbe** (Abb. 79), **Sterngewölbe** (Abb. 80) oder Fächergewölbe.

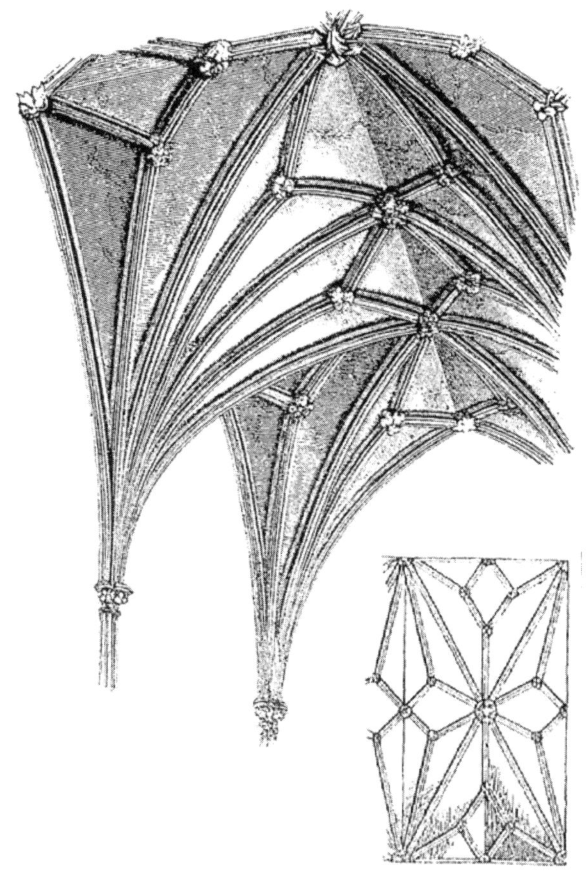

Abb. 79: **Netzgewölbe** Abb. 80: **Sterngewölbe**

Eine besondere Fensterform der Gotik ist die große kreisförmige **Fensterrose** mit reichem **Maßwerk** und bunten Glasfenstern (Abb. 81).

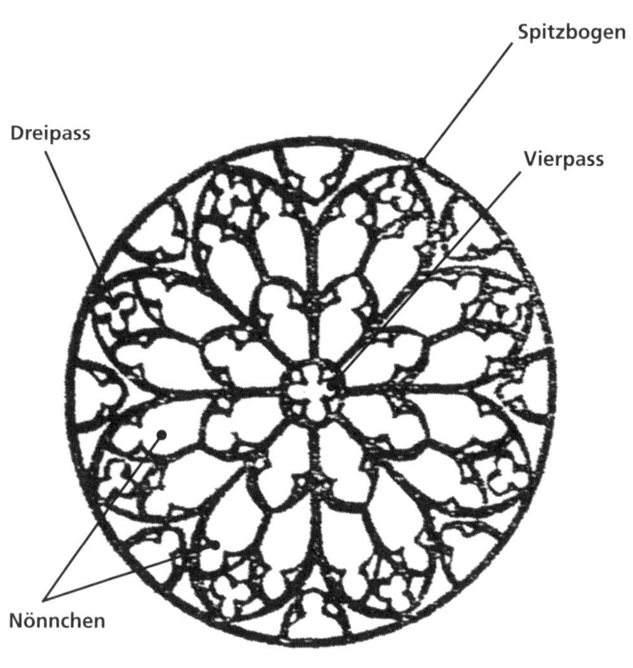


Abb. 81: **Fensterrose** mit **Maßwerk**

An Türen, Fenstern und Fassaden gibt es außerdem vielfältige andere Spitzbogenformen wie **Kielbogen, Eselsrücken, Kleeblatt-, Lanzett-** und **Vorhangbogen** (Abb. 82).

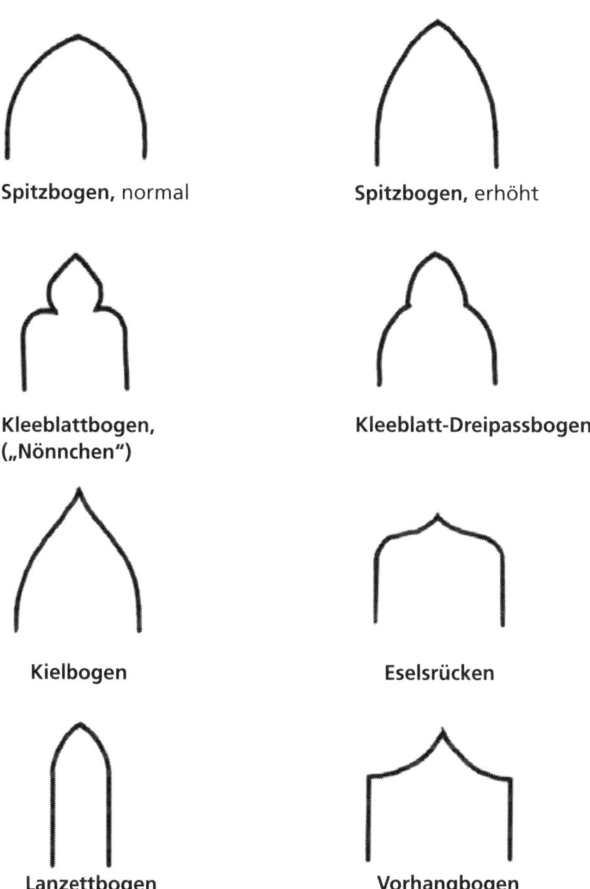


Abb. 82: **gotische Bogenformen**

Allgegenwärtig ist das **Maßwerk** (Abb. 83–86), geometrisches, mit dem Zirkel konstruiertes Ornament, wie **Fischblase**, **Drei-** und **Vierpass**.

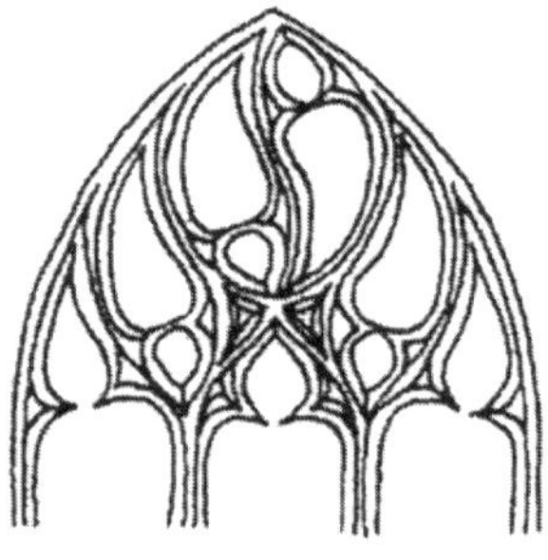

Abb. 83: **Fischblasen** oder **„Schneuss“**

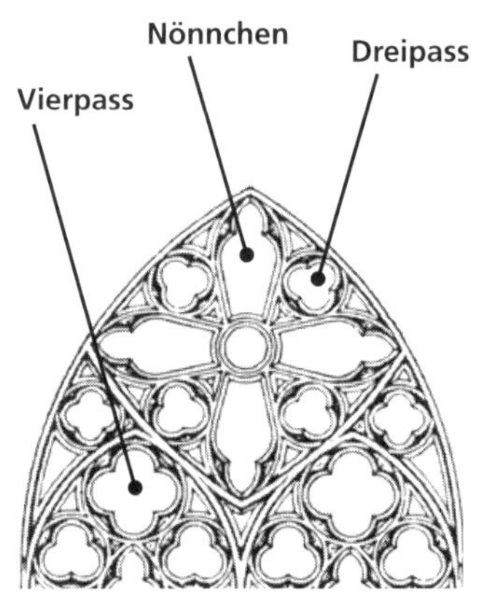


Abb. 84: reiches **Maßwerk**

Abb. 85: **Dreipass**

Abb. 86: **Vierpass**

Die Bauteile außen und innen, Statuen, Reliefs, auch Möbel und Gerät werden oft mit filigranen Ornamenten überzogen.

Es gibt zudem die **Fiale** (ein **Ziertürmchen**), den **Wimperg** (einen **Ziergiebel**) sowie die **Kreuzblume** und die **Krabbe** oder **Kriechblume** (Abb. 87).

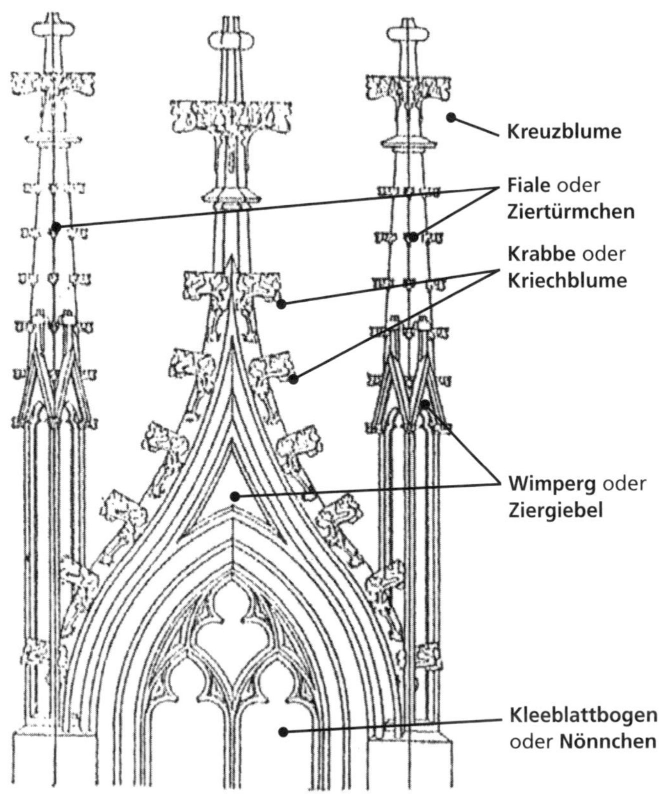


Abb. 87: **gotische Ornamente**

Eine Neuerung ist der **Wandelaltar** (Abb. 88), ein **Schrein** mit Festtags- und Werktagsseite. Dieser trägt oft ein **Gesprenge**, einen hohen architektonischen Aufbau, manchmal mit **Baldachin**. Die **Altarflügel**, die **Predella** und das **Antependium** dienen als Bildflächen.

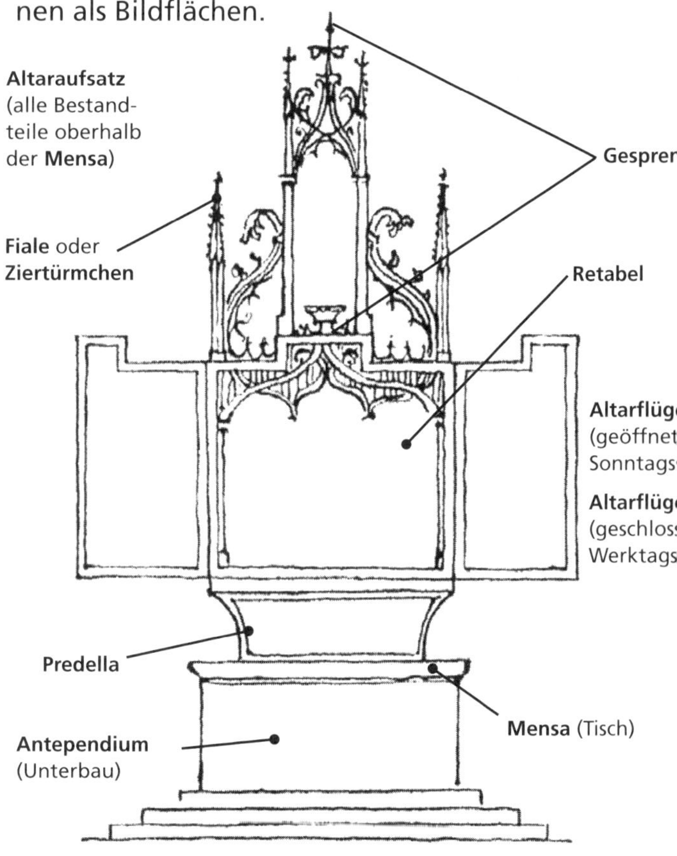


Abb. 88: **Wandelaltar**

**Plastische Heiligenfiguren (Abb. 89) sind stets ein Bestandteil der Architektur und haben immer ein Postament und einen Baldachin (Abb. 89)**. Die Ornamentik wird gegen 1500 immer üppiger, mit verschlungenem **Maßwerk**, Ranken und Blättern. Man spricht von **gotischem Barock** (Abb. 90).

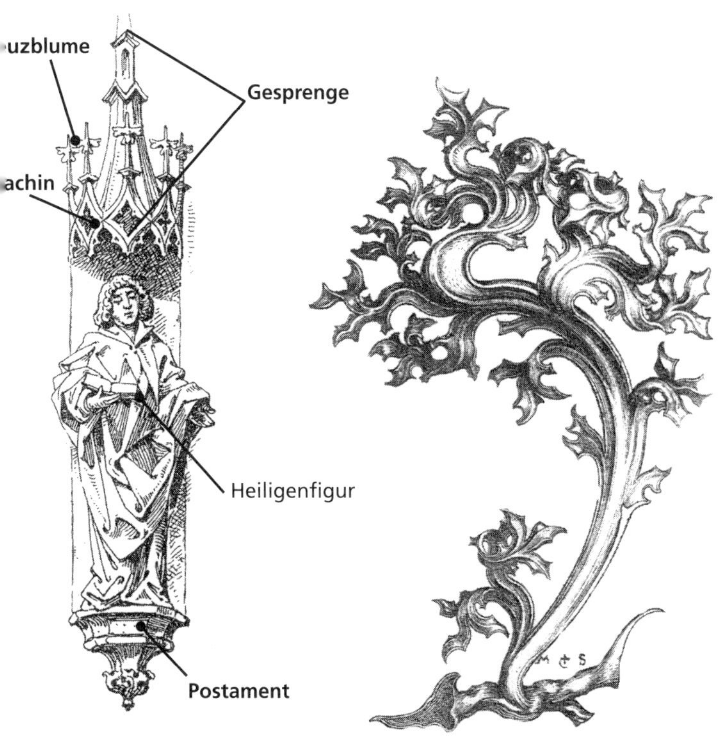


Abb. 89: **Gewändefigur** Abb. 90: **gotischer Barock**

**Gegen Ende des Mittelalters, etwa ab 1500, setzt sich nördlich der Alpen relativ schnell ein neues Weltbild durch. Erst im Zeitalter der Romantik des 19. Jahrhunderts wird der gotische Stil in ganz Europa wieder erweckt: als Neo- oder Neugotik.**

# 7. Renaissance (ca. 1500 bis 1620)

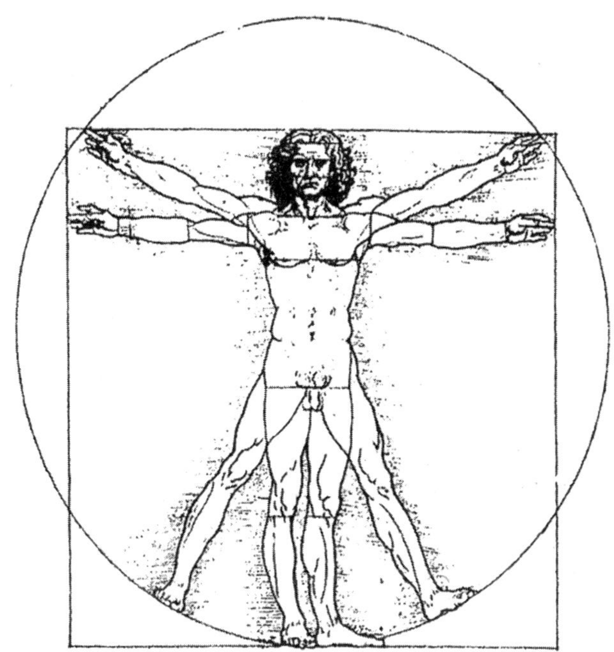

Abb. 91: **Idealproportionen**
(Leonardo da Vinci nach **Vitruv**)

**Renaissance heißt wörtlich »Wiedergeburt« (der Antike), deren Ideale der Harmonie und Symmetrie zuerst im Florenz des 15. Jahrhunderts angewandt und verändert wurden (nördlich der Alpen etwa hundert Jahre später). Nun rücken statt der Religion der Mensch und die irdische Welt wieder ins Zentrum des Denkens.**

Die Schriften des Altertums, von der zwischenzeitlich überlegenen arabischen Kultur bewahrt, werden wiederentdeckt, Geistes- und vor allem die Naturwissenschaften rücken in den Vordergrund.

**Erstmals in der Geschichte betrachtet man den bildenden Künstler nicht mehr nur als anonymen Handwerker, der nach genauen Vorgaben arbeiten muss. Er ist jetzt ein Intellektueller, ja ein Philosoph, denn er »komponiert«, das heißt plant und konstruiert seine Werke nach seinen Vorstellungen. Symmetrie und Proportionalität befolgt er dabei gemäß der antiken kunsttheoretischen Schriften zum Beispiel des römischen Architekten und Ingenieurs Vitruv (Abb. 91).**

Grundlegend und folgenreich für die Malerei ist die Erfindung der **Zentralperspektive** (Abb. 92). Hierbei werden die Gegenstände in ihrer »richtigen« Beziehung zum Bildraum auf der Fläche sichtbar gemacht, wie auf einer Fotografie.

**Sämtliche Ornamente und Bauformen der Antike finden jetzt, aber in neuem Zusammenhang wieder Anwendung.**

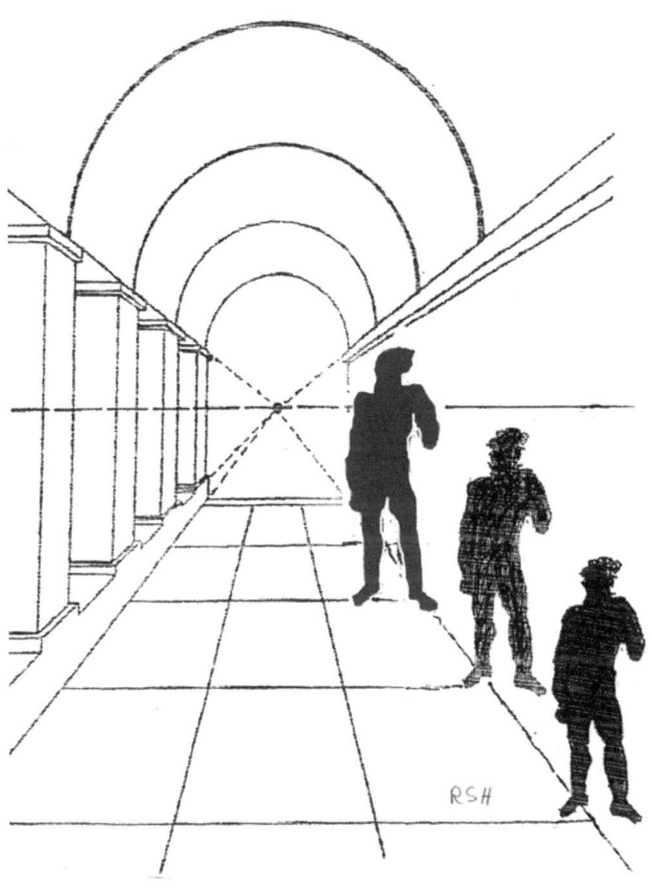


Abb. 92: **Zentralperspektive** (obwohl gleich groß, erscheint der vordere Mensch am kleinsten)

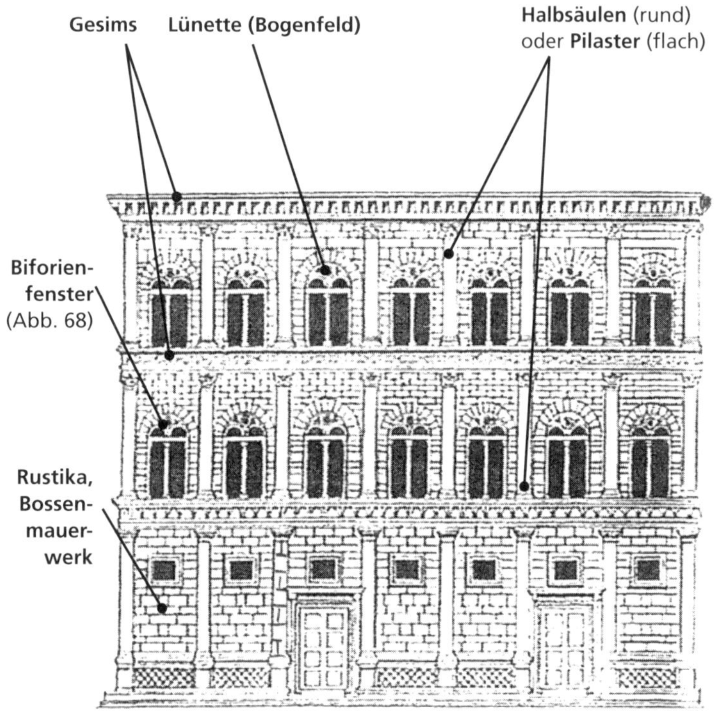


Abb. 93: **Renaissance-Fassade** eines **Palazzo,** italienisch

Die Fassade des Gebäudes, oft aus **Rustika-** oder **Bossenmauerwerk** (grob behauenen Steinen), welches meist nur im **Parterre** vorkommt, schmücken in zunehmendem Maße **Säulen** und **Pilaster** (Abb. 93). Die Horizontale kann auch durch profilierte **Gesimse** (s. Abb. 14) zwischen den einzelnen Stockwerken betont werden.

Der Innenhof, oft ein **Arkadenhof** (Abb. 94), hat Laufgänge über mehrere Etagen, diese werden von **Arkaden** (Bogenreihen, s. Abb. 57) begrenzt, deren Säulen eine stark betonte **Entasis** (Schwellung) aufweisen.

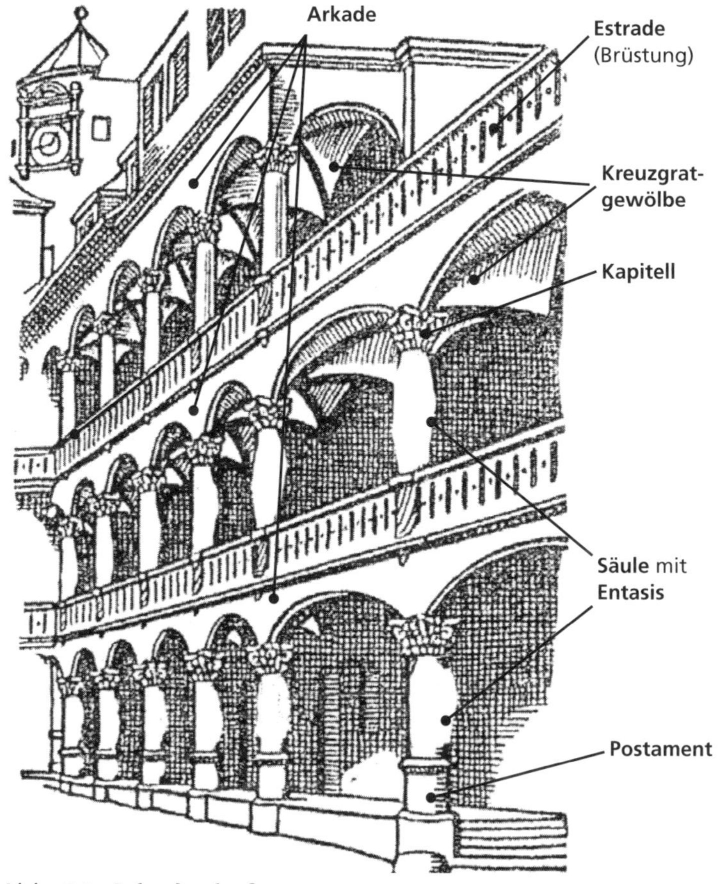


Abb. 94: **Arkadenhof**

Eine echte **Kuppel** (Abb. 42) entspricht einer quer durchgeschnittenen Kugel, ihr Grundriss ist also ein Kreis. Hat die Kuppel **»Rippen«**, spricht man von einem **Klostergewölbe** (in der Vertikalen gewölbt, aber in der Horizontalen gerade). Ihr Grundriss ist also ein Vieleck. Die Kuppel hat manchmal einen Unterbau, **Tambour** oder **Trommel** genannt, und ist häufig gekrönt von einer **Laterne** (Abb. 95).

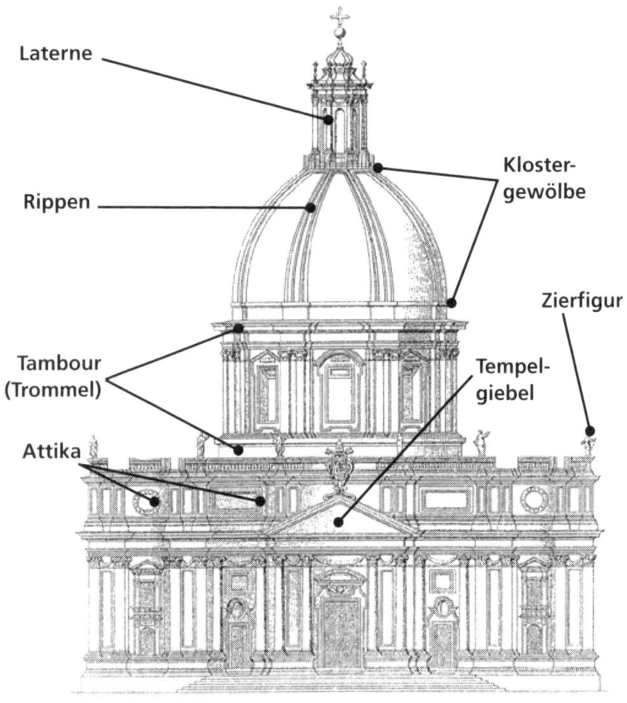


Abb. 95: **Renaissance-Kuppel, Klostergewölbe**

An repräsentativen Fassaden ist als Fenster- oder Türschmuck das **Triumphbogen-Motiv** (Abb. 96) beliebt, auch **Palladiomotiv** genannt: drei Öffnungen, die seitlichen mit gerader Abdeckung.

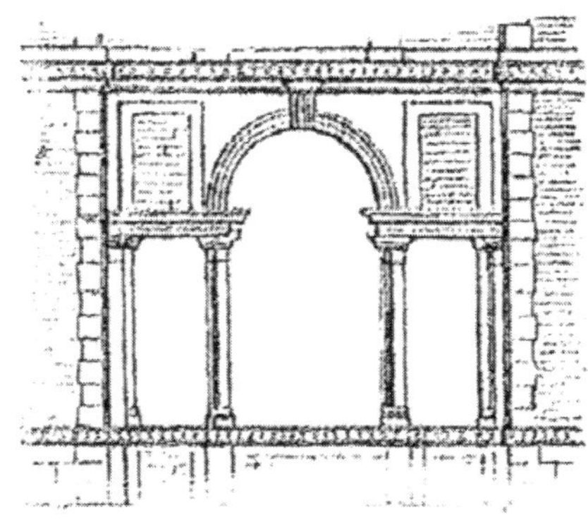

Abb. 96: **Triumphbogen- oder Palladiomotiv**

Aus den antiken **Dreiecks-** und **Segmentgiebeln** (Abb. 97 und 98) entwickeln sich **Volutengiebel** (Abb. 99) oder **»gesprengte«** (in der Mitte offene) Giebelformen (Abb. 100).

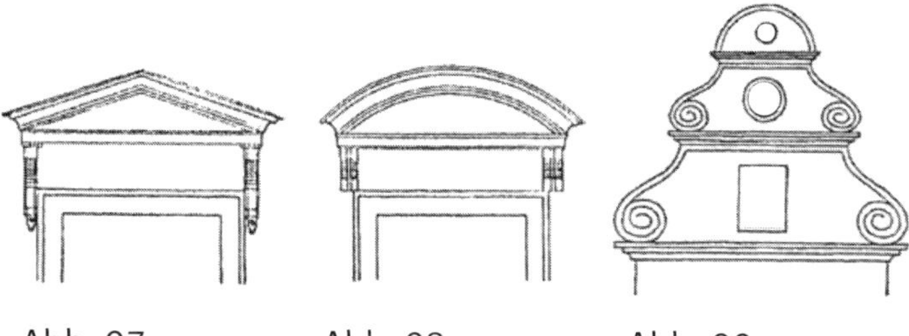

Abb. 97: **Dreiecksgiebel**

Abb. 98: **Segmentgiebel**

Abb. 99: **Volutengiebel**

Immer häufiger wird programmatischer **Figurenschmuck** an der Fassade in **Figurennischen** oder Schriftbänder an **Gesimsen** angebracht (Abb. 100).

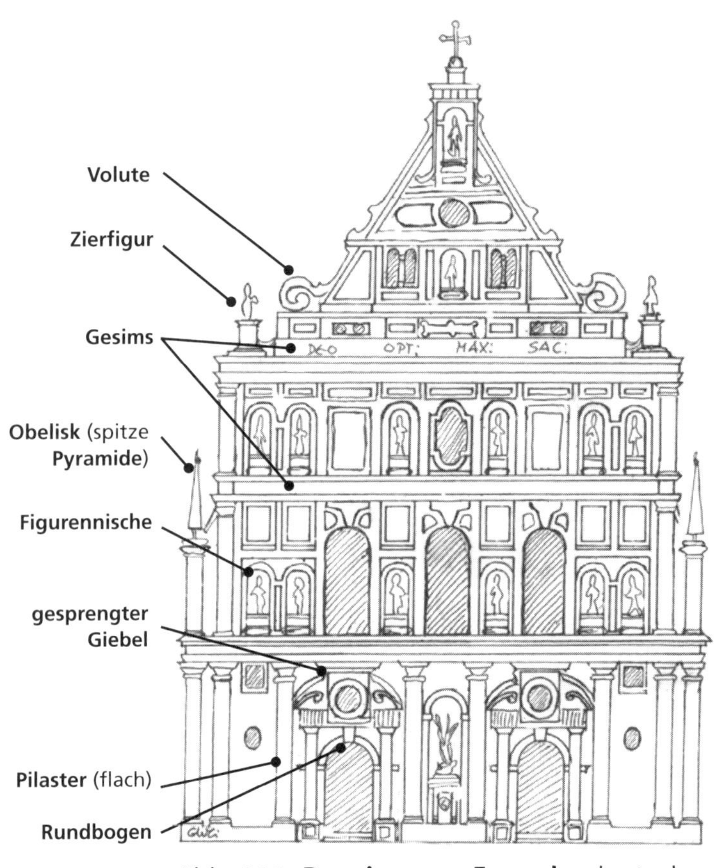


Abb. 100: **Renaissance-Fassade,** deutsch (St. Michael in München)

Das antike Ornament der **Groteske** aus einem in Rom gerade ausgegrabenen Palastraum, einer »Grotte«, wird in der Renaissance mit neuzeitlichen Inhalten ausgestattet (Abb. 101). Obwohl naturgetreu, stellt dieses Ornament Vasen, menschliche (Ober-)körper, **Fabelwesen**, Pflanzen und Abstraktes in einer surrealen Weise zusammen, die so in der Natur nicht vorkommt. Von der **Groteske** leitet sich das Wort »grotesk« ab.

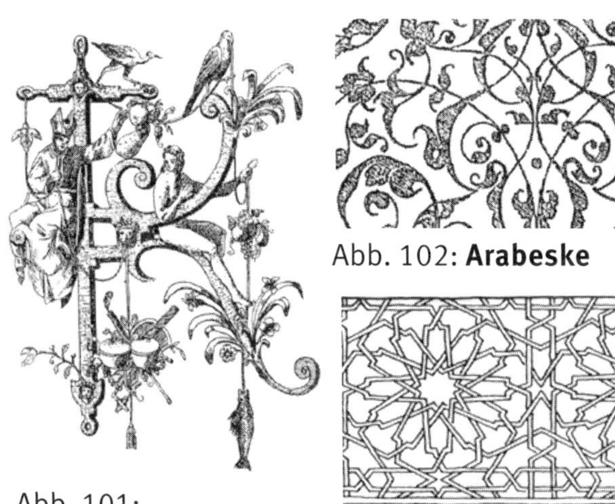

Abb. 102: **Arabeske**

Abb. 101: **Groteske**

Abb. 103: **Maureske**

Neu ist die **Arabeske** (Abb. 102), ein stilisiertes **Rankenwerk**. Es wird später, vom Islam geprägt, zur abstrakten **Maureske (Knotenwerk,** Abb. 103), die auf jede Wiedergabe der Natur verzichtet, weil allein Allah Lebewesen „erschaffen" darf.

Ein flaches Ornament mit geknickten Winkeln und Nieten heißt **Beschlagwerk** (Abb. 104).

Schließlich ist das **Rollwerk** oder **Kartuschenwerk** (Abb. 105) zu erwähnen, eine Rahmenform, die aus plastischen Metallbändern zu bestehen scheint, deren Enden sich in die dritte Dimension rollen.

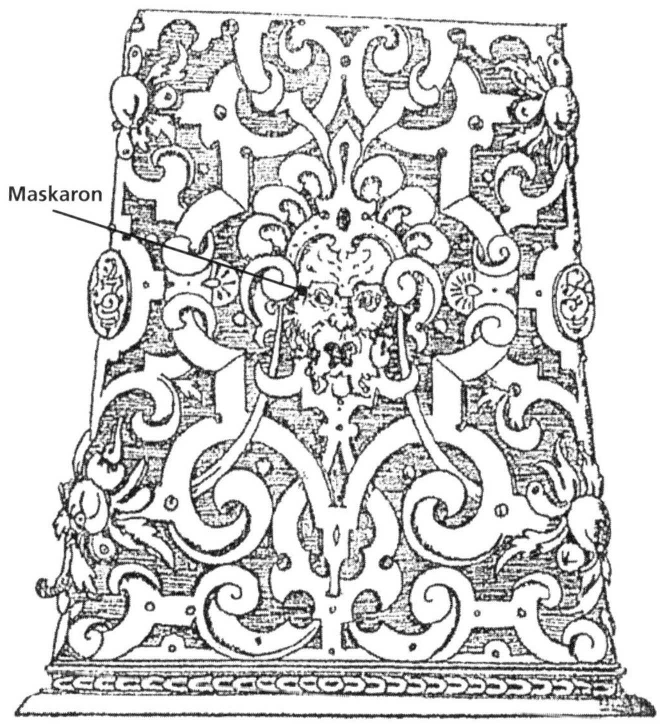


Abb. 104: **Beschlagwerk**

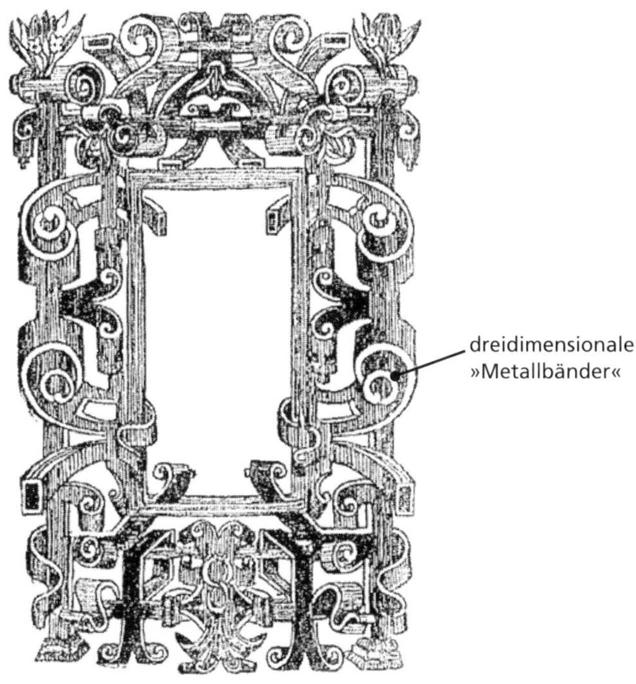


Abb. 105: **Roll- oder Kartuschenwerk**

**Im weiteren Verlauf löst sich der klare Stil der Renaissance zunehmend auf und wird immer gekünstelter.**

**Eine solche Tendenz zur Übertreibung findet sich am Ende vieler Epochen. Sie wird Manierismus genannt und weist auf den folgenden Stil hin. Diese überladene Ornamentik ist besonders im 19. Jahrhundert als »Neo«- oder »Neu«-Renaissance sehr beliebt.**

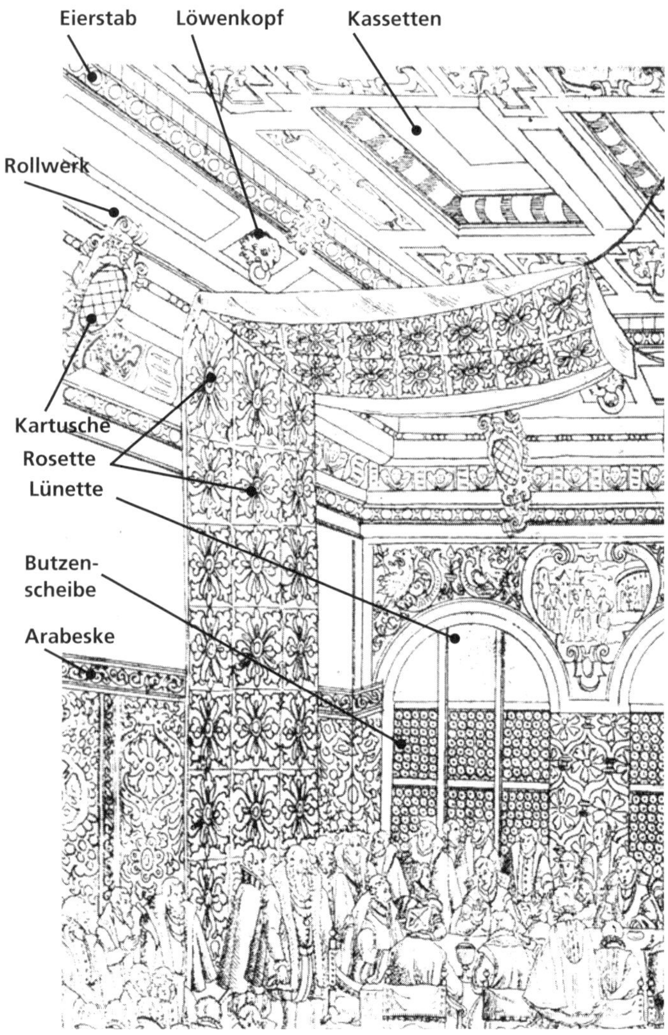


Abb. 106: **Renaissance-Ornamente** (ehemalige Residenz München)

# 8. Barock (ca. 1620 bis 1750)

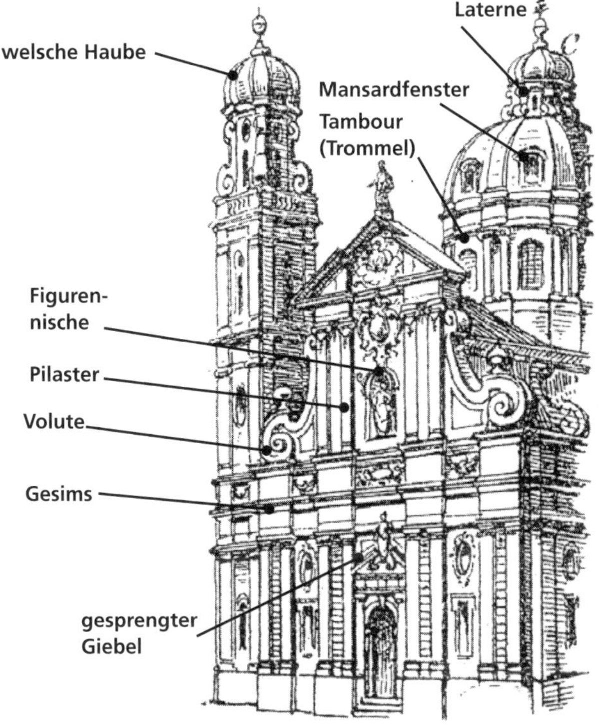


Abb. 107: **Barockkirche**

Nun verlagert sich das Zentrum der europäischen Stilentwicklung von Florenz nach Rom und Paris. Der Name Barock leitet sich vom portugiesischen Schmähwort für eine unregelmäßige Perle her, als Ausdruck dafür, dass die Stilelemente der regelmäßigen Renaissance nicht mehr gelten sollen.

Der absolutistische Herrschaftsanspruch der kirchlichen und weltlichen Fürsten manifestiert sich in repräsentativen Bauten zuerst in Rom und in Versailles. Die Kirchen prunken mit riesigen **Kuppeln**.

Die Ornamente als Formen der bildenden Kunst werden nun schwerer und üppiger.

**Bauwerk, Skulptur, Malerei und Kunsthandwerk einerseits sowie höfische Etikette, Kleidung, Konzert, Oper und Schauspiel andererseits werden aufeinander abgestimmt und verschmelzen zu einem einzigen prachtvollen Theater.**

Typisch sind reicher Ornament- und **Figurenschmuck**. Oft ist das **Gesims** an Bauten und Möbeln **»verkröpft«** (zieht sich um vorstehende Bauteile herum, s. Abb. 118). Manchmal reichen **„monumentale"** Säulen und **Pilaster** über zwei Stockwerke.

Das **Barockschloss** (Abb. 108) schmückt sich zusätzlich mit symmetrisch angelegten Terrassen, Balustraden und Parkanlagen, **Parterre** genannt. Diese sind mit streng geometrischen, bunten Beeten, Statuen und Vasen mit mythologischen Motiven, Brunnen und Wasserspielen ausgestattet sowie mit **Bosketten** (Wäldchen), oft mit einem **Labyrinth** (Irrgarten) und kunstvoll geschmiedeten und vergoldeten Toren (Abb. 109).

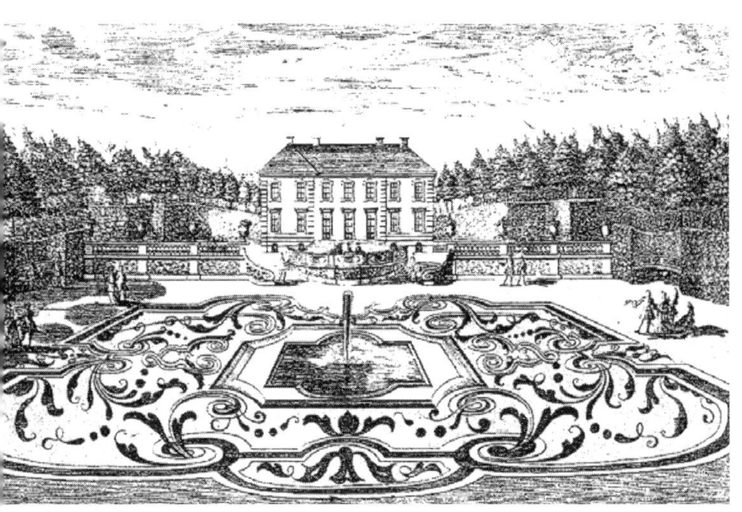

b. 108: **Barockschloss** mit **Parterre** und **Boskett** (Wäldchen)

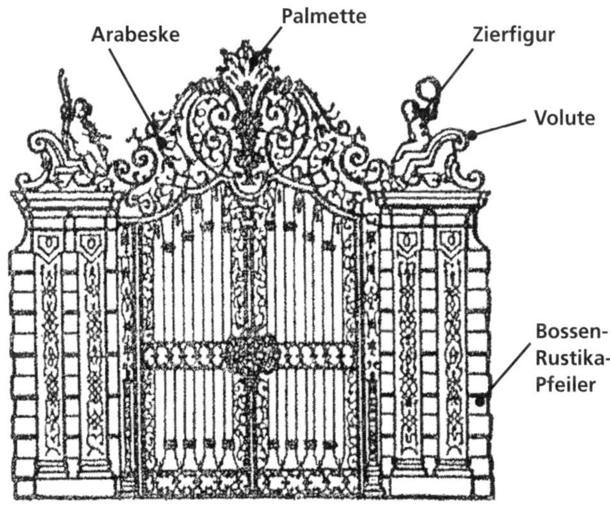


Abb. 109: Barocktor

Die barocke Innenausstattung orientiert sich an der Renaissance, prunkt aber noch mehr mit geschnitzten Vertäfelungen, Brokat- und Ledertapeten, Stuck und **Scagliola** (Stuckmarmor) mit reicher **Fassung** (Bemalung) und Vergoldung.

Seidentapeten und Seidenvorhänge (Abb. 110) sind üppig farbig gemustert und mit stilisierten Blüten, Ranken und anderem bemalt oder bestickt. Neue Möbeltypen entstehen: die Kommode, der Sekretär und die Vitrine.

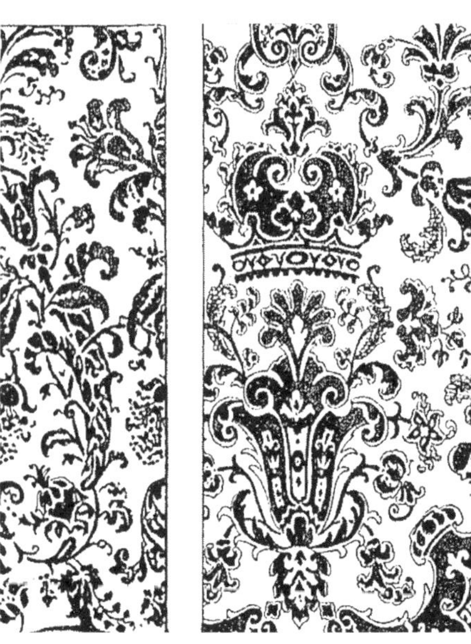
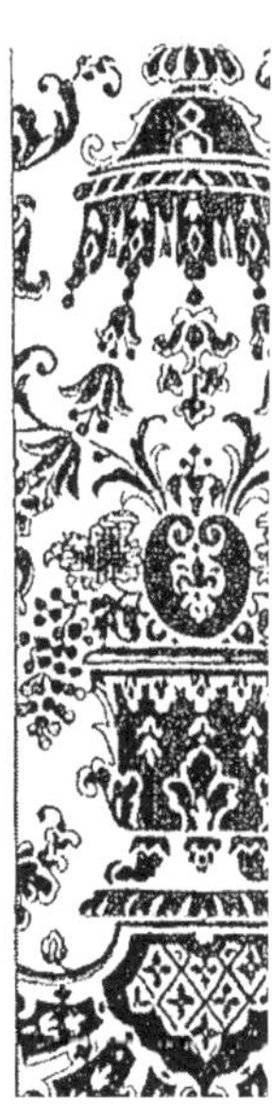

Abb. 110: **Brokattapeten**

In den Kirchen unterstreichen reich ornamentierte Altäre (Abb. 111) mit **Baldachin**, Gemälden, vergoldeten Figuren, Silbergerät und **gedrehten Säulen** den Bühneneffekt.

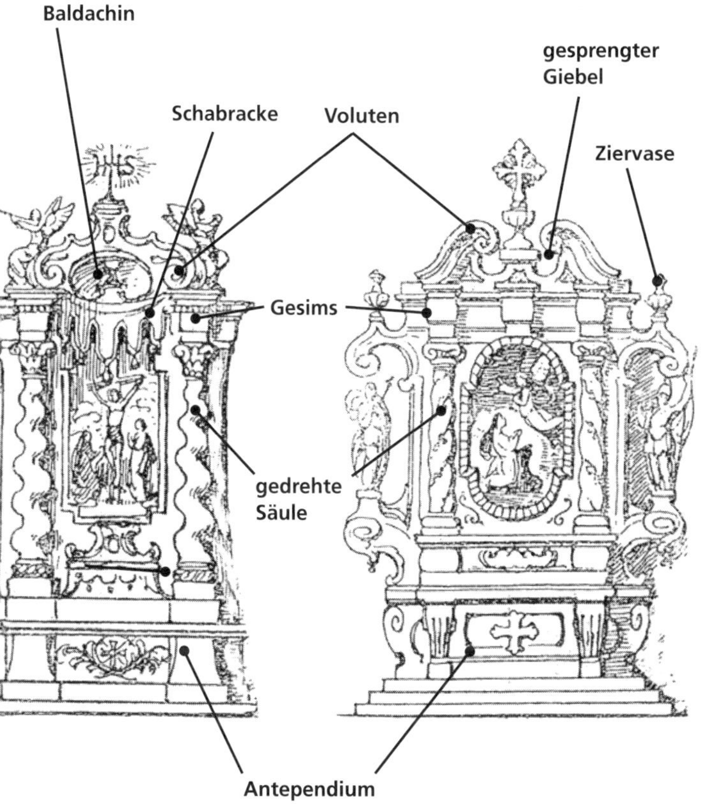


Abb. 111: **Barockaltar**

Der **Baluster** als Säulentyp (Abb. 112) kommt außer an und in Gebäuden (Balustrade) auch an Möbeln vor (Abb. 113, 114), oft auf **„gequetschtem Kugelfuß"**, oder eigenständig, z.B. als Leuchter (Abb. 115) oder Gerät (Kanne, Becher, Vase, s. Abb. 142).

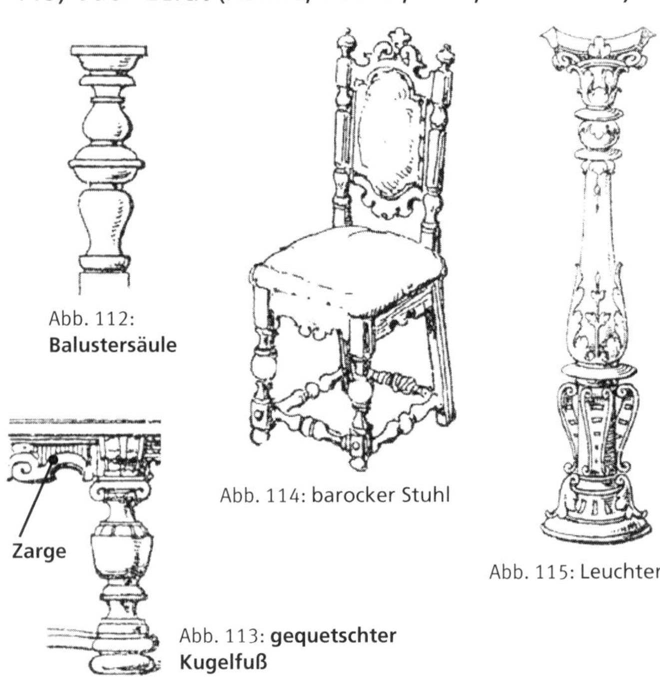


Abb. 112: **Balustersäule**

Abb. 114: barocker Stuhl

Abb. 115: Leuchter

Abb. 113: **gequetschter Kugelfuß**

Erstmals erscheinen Sitzmöbel als **Garnitur** aus Sofa, Sesseln, Stühlen und Hockern (Abb. 121). Auch spricht man fortan bei zusammengehörigen Teilen aus Porzellan oder Keramik vom **Service** (und zählt sie im Dutzend).

Türen, Schränke und Kommoden erhalten kunstvolle, teils vergoldete ornamentale **Beschläge** aus Messing oder Bronze (Abb. 116). Eine Besonderheit ist der **Ohrmuschel-** oder **Knorpelstil** (Abb. 117).

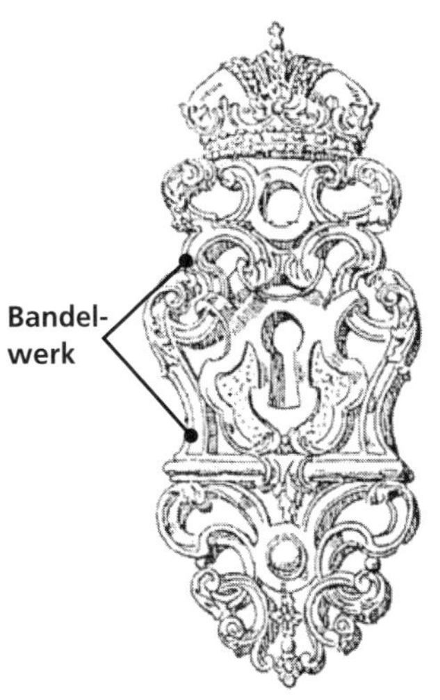


Abb.116: **barocker Möbelbeschlag**

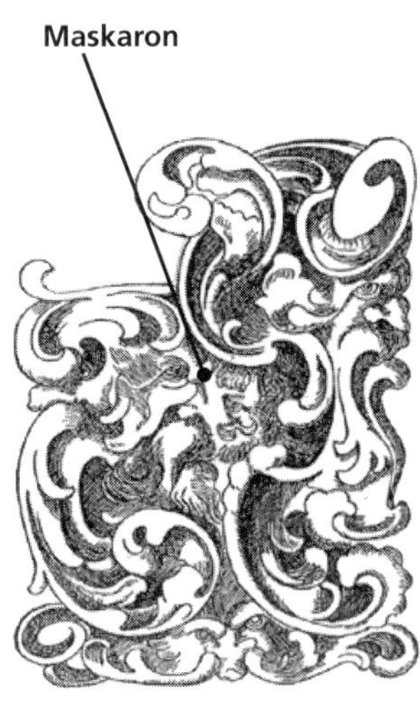


Abb. 117: **Ohrmuschel-** oder **Knorpelstil**

In der Malerei herrschen kräftige **Primärfarben** Rot, Blau und Gelb auf riesigen Bildflächen in üppigen, ornamentverzierten Rahmen vor. Die Motive, auch bei Skulpturen, drücken dramatisches Gefühl und herrscherliches Pathos aus. Deckenfresken wecken die **Illusion des offenen Himmels** mit christlichen oder mythologischen Szenen.

**In dieser Zeit übertrumpfen die weltlichen und geistlichen Fürsten einander in der Zurschaustellung ihrer »gottgegebenen« Pracht als Legitimation ihrer Herrschaft: »Luxus ist das notwendige Attribut des Glanzes und der Würde« (Devise König Ludwigs XIV.).**

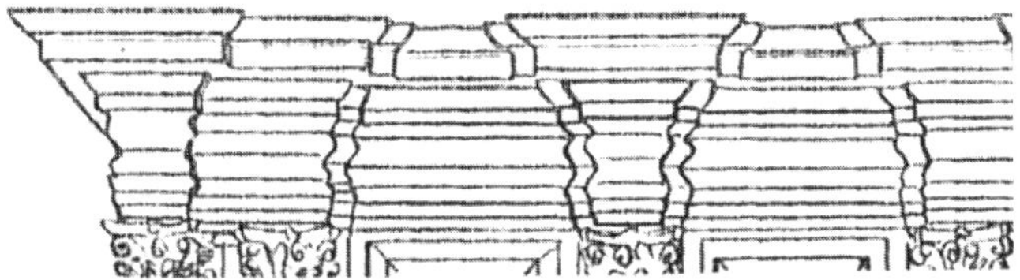

Abb. 118: **Verkröpfung** des **Gesimses** von Bauten und Möbeln

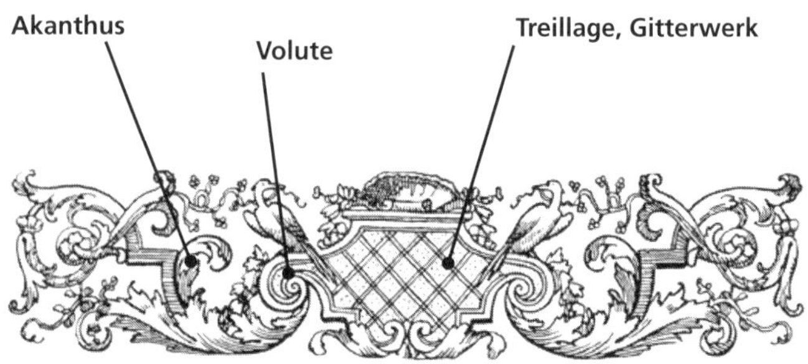


Abb. 119: **Groteske** als **Bandelwerk**

**Der üppige Stil der barocken Baukunst bleibt Leitbild für die abendländische Architektur, auch in den europäischen Kolonien Lateinamerikas und Asiens und noch bis zum Ende des 19. Jahrhunderts.**

# 9. Rokoko und Louis-Seize (ca. 1750 bis 1780)

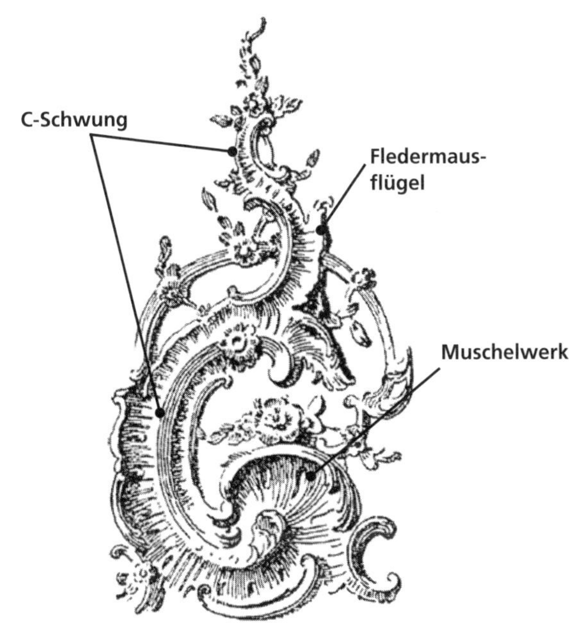


Abb. 120: **Rocaille**

Das Rokoko gilt als leichte, verspielte Spätphase des Barock, dessen wuchtige, symmetrische Schwere verschwunden ist zugunsten der zarten **Rocaille** (Abb. 120), der es seinen Namen verdankt. Es handelt sich um ein asymmetrisches, abstraktes Ornament in **C- und S-förmigen Kurven** in **Muschelformen,** es kann auch an einen **Fledermausflügel** erinnern (Abb. 125).

Die **Rocaille** bildet den Rahmen für Bilder, Fenster, Wandvertäfelungen (Abb. 121), verbunden mit Ranken, Blüten und **Putten** (kleine nackte Knaben ohne Flügel). Sie kommt auch vor als als Handhabe (Griff) für Geräte und Möbel (Abb. 122).

In der Malerei dominieren nun **Pastelltöne** (alle Farben sind mit Weiß vermischt). Hier, wie in der Bildhauerei, ja in der gesamten angewandten Kunst, überwiegen galante, intime und amouröse Themen.

Der Rückzug in das Private bewirkt ein gesteigertes Interesse an der Gestaltung des Innenraums (Abb. 121), der keine klaren Konturen mehr hat: Die verspielt dekorierte **Hohlkehle** »verunklärt« den Übergang von **Deckenmalerei** und Deckenstuck zur Wand. Deren umrahmte Felder der Vertäfelung, Fenster und Türen, Spiegel und Gemälde haben reich, aber zierlich geschnitzte und vergoldete Rahmen. Ebenso kunstvoll gearbeitet sind die Möbel mit ihren kostbaren **Intarsien (**Holz-**Einlegearbeiten)**, farbiger **Fassung** und geschweiften Beinen. Die **Rokoko-Kommode** (Abb. 122) zeigt überdies einen **gebauchten Korpus** (Körper).

**Das Rokoko entsteht zwar in den Adelspalais von Paris, erblüht aber fast nur im süddeutschen Sprachraum, vor allem beim Kirchenbau vom Bodensee über Bayern bis nach Böhmen und Mähren zu einzigartigem Formenreichtum.**

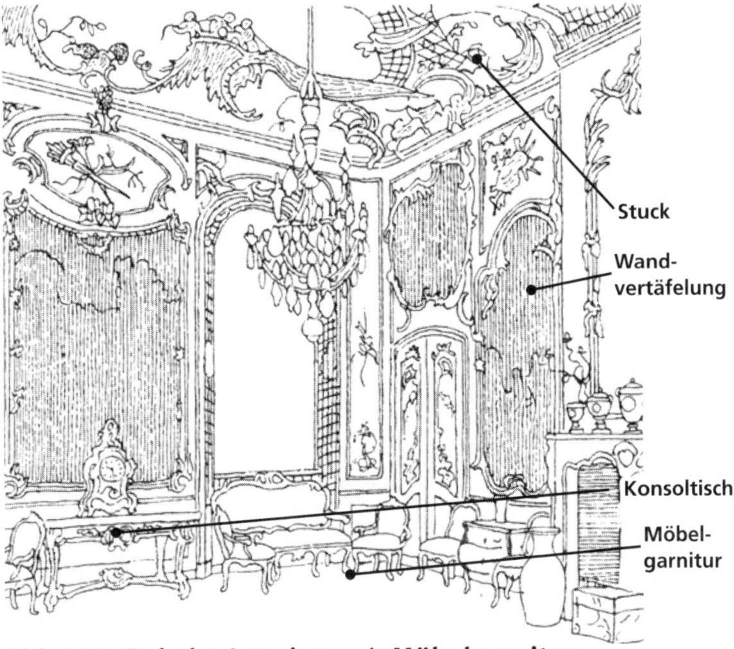

Abb.121: **Rokoko-Interieur** mit **Möbelgarnitur**

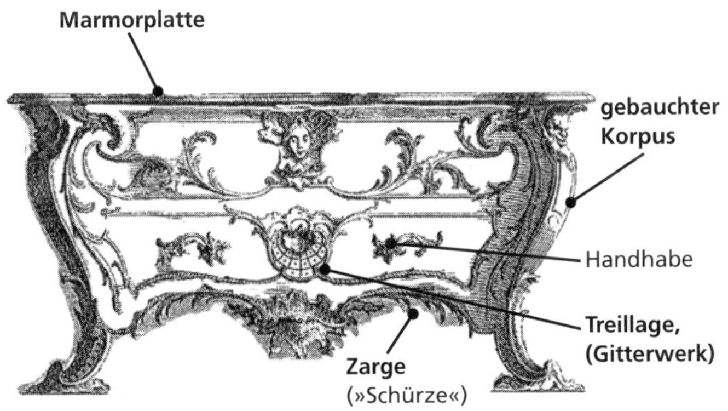


Abb. 122: **Rokoko-Kommode**

Aus der Bewunderung der exotischen Bemalung des äußerst teuer importierten chinesischen Porzellans entstehen **Chinoiserien**, die hauptsächlich von Kunsthandwerk und Malerei übernommen werden. Am bekanntesten ist hier das Meißner **Zwiebelmuster** (Abb. 123), ein missverstandenes chinesisches Motiv mit Pfingstrosen und Pfingstrosenknospen in **Unterglasurblau**, der einzigen Farbe, die man damals scharf brennen konnte.

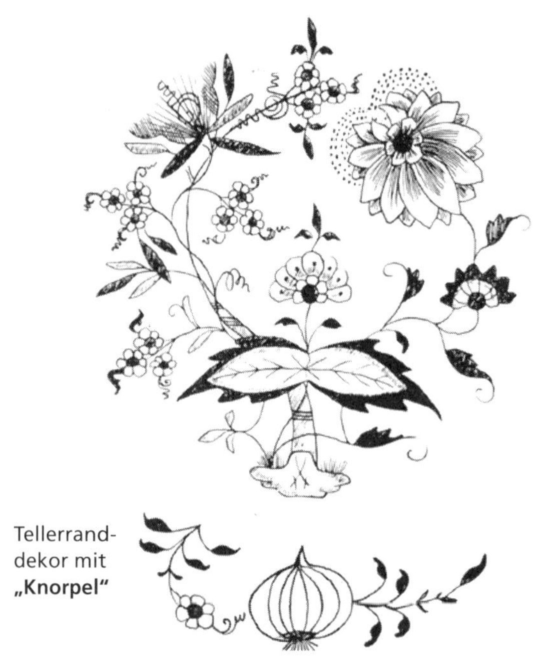


Abb. 123: **Zwiebelmuster**

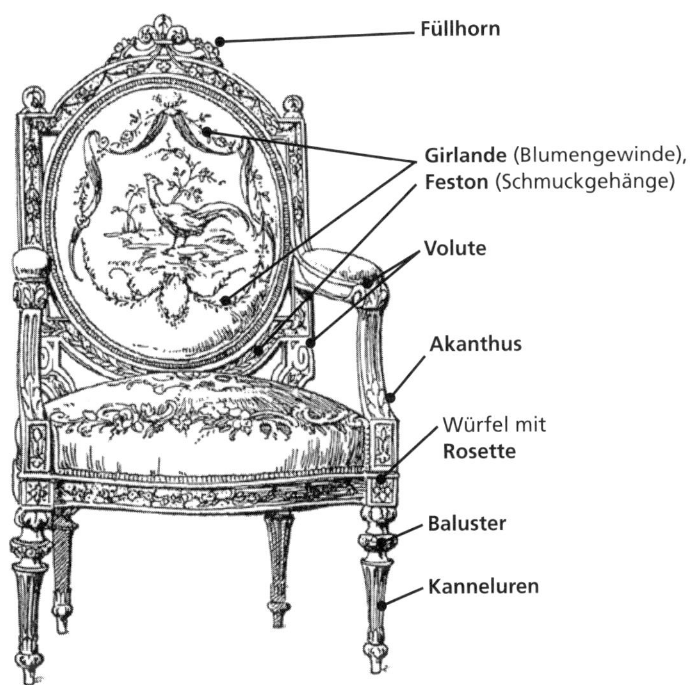


Abb. 124: **Louis-Seize-Sessel**

Gegen Ende dieser kurzen Epoche wendet man sich etwa ab 1760 mit dem Louis-Seize (Louis XVI) oder Zopfstil erneut der Klassik zu. Die Formen werden antikisierend und schlichter. Typisch ist das Oval mit Bändern und **Girlanden**, bei Möbeln gerade, **kannelierte Beine**, oben mit Würfel und **Rosette** (Abb. 124). Alles weist schon auf die historisierenden Stile des 19. Jahrhunderts hin.

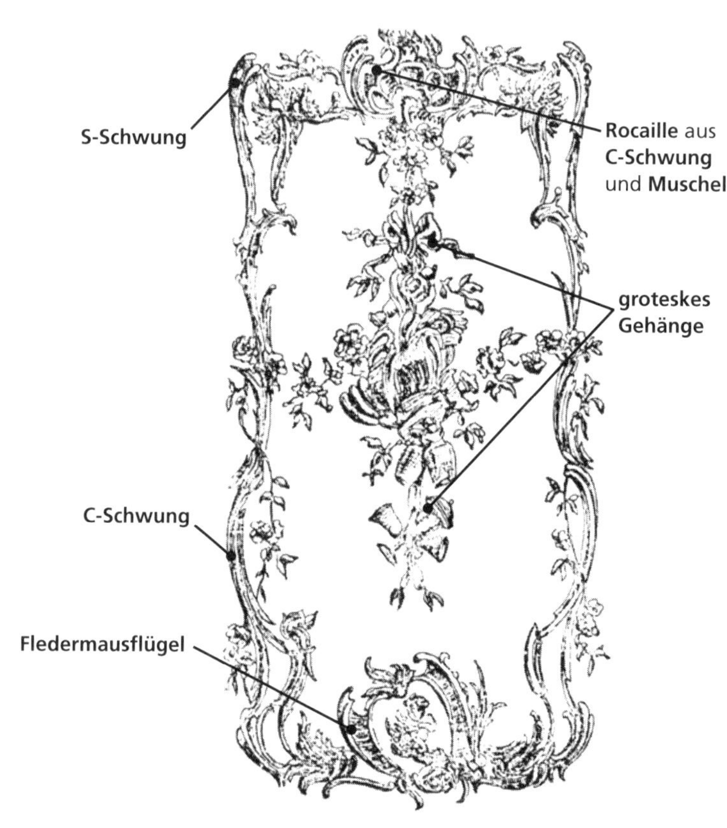


Abb. 125: **Wandvertäfelung** (Rokoko)

# 10. Historisierende Stile des 19. Jahrhunderts

**Im Historismus zitiert man, zunächst unvermischt, so getreu wie möglich sämtliche historischen Stile mehr oder weniger der Reihe nach, sodass diese nachempfundenen Werke nur durch ihren einheitlichen Erhaltungszustand, ihre technisch perfekte Machart und bei Bauten durch ihren Standort von Kunstwerken „aus der Zeit" zu unterscheiden sind.**

## Klassizismus (ca. 1790 bis 1830)

Nach der Französischen Revolution 1789 kommt mit dem strengen **Empire-Stil** unter Napoleon der **Klassizismus** in Mode. Auch König Ludwig I. von Bayern will in der Kunst Zeichen setzen. Als Erster veranlasst er den Bau **monumentaler** Straßenzüge. Fassaden sowie Inneneinrichtungen sind geradlinig und erhalten antikisierende Ornamente.

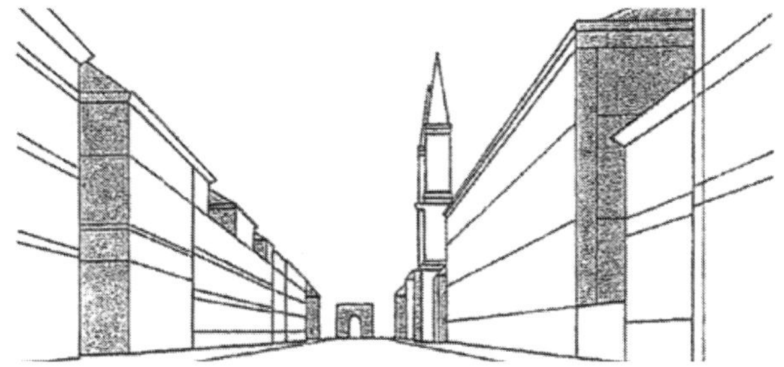

Abb. 126: **monumentaler** Straßenzug (Ludwigstraße in München)

Auch bei Möbeln, Gerät und Textilien entsteht einer neuer Trend aus Paris, der an antiken griechischen, römischen und ägyptischen Ornamenten zu erkennen ist, beispielsweise **Füllhorn, Sphinx, Feston** und **Voluten** (Abb. 127).

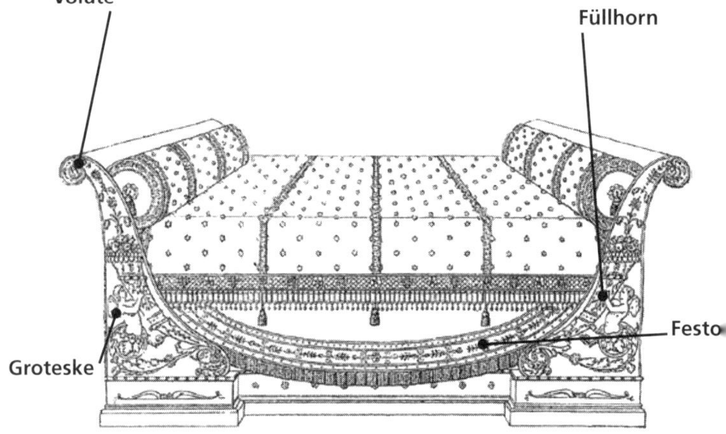


Abb. 127: **Empire**-Ruhebett

Fast gleichzeitig kommt das bürgernahe Biedermeier auf, mit weißen Vorhängen und zart gestreiften Wänden in **Pastellfarben** für das behagliche Leben im Privaten (Abb. 128). Es entstehen raffiniert einfache, aber kostbar gearbeitete Möbel in schlichten geraden Formen mit hellen, gemaserten Obstholzfurnieren (Abb. 128).

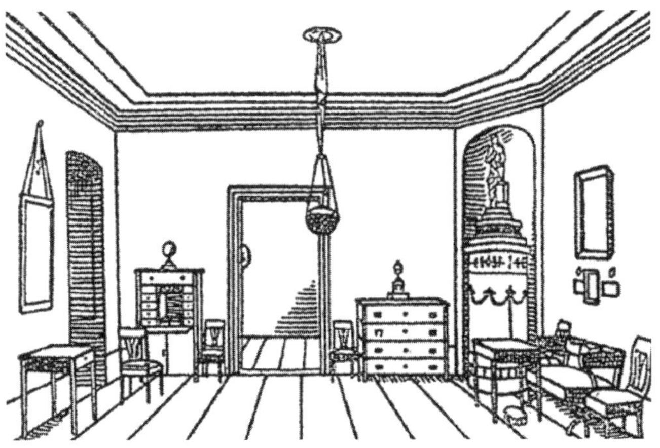

Abb. 128: **Biedermeier**-Inneneinrichtung

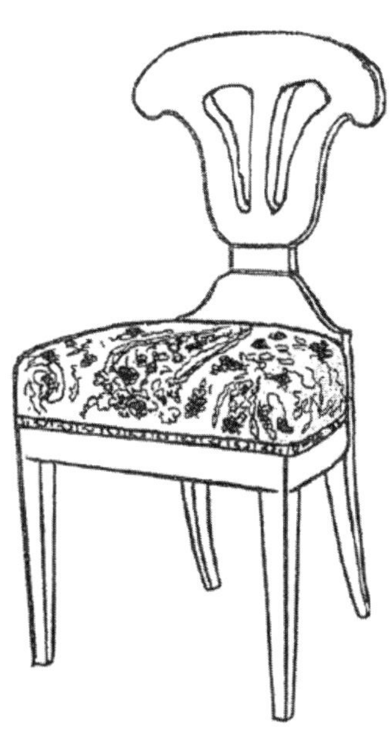

Der typische Biedermeier-Stuhl (Abb. 129) hat sich verjüngende Beine, die hinten gebogen sind, und oft eine spatenartige Lehne.

Abb. 129: **Biedermeier-**Stuhl mit **Spatenlehne**

## Romantik (ca. 1835 bis 1870)

Es folgt in der Mitte des 19. Jahrhunderts die **Romantik**. Das Mittelalter mit seinen Märchen und Sagen, Burgen und Kirchen wird wiederentdeckt. Jetzt baut man im reinen neo- oder neuromanischen und im neo- oder neugotischen Stil nicht nur Kirchen, sondern auch Rathäuser, Villen und Industriebauten, ja ganze Straßenzüge. Stilrein werden auch Inneneinrichtungen und Möbel nachempfunden.

## Gründerzeit (1875 bis 1920)

Neo- oder Neu-Renaissance, Neo- oder Neu-Barock und Neo- oder Neu-Rokoko **(Wiener Barock)**, ja sogar Neo- oder Neu-Biedermeier erscheinen zunächst meist unvermischt nebeneinander, sind aber noch üppiger ausgeschmückt als zur Zeit ihres Ursprungs. Die Häuser und Wohnungen wirken jedoch homogen und stilrein.

## Historizismus oder Eklektizismus (ab ca. 1870)

Dieser Stilmix zeigt an ein und demselben Werk zusammengesuchte Stilelemente aller Epochen und Kontinente. Die Architekten und Künstler entwickeln repräsentative, oft überladen wirkende Bauwerke, Möbel und Gerät mithilfe von Musterbüchern, sogenannten Formenschulen. Ein schönes Beispiel hierfür ist dieser Weihwasserkessel mit Ornamenten aus Antike, Gotik und Rokoko (Abb. 130).

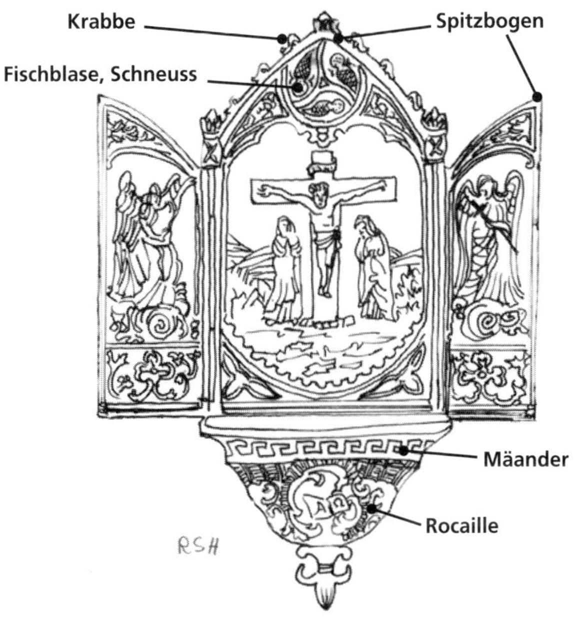


Abb. 130: **Eklektizismus:** Weihwasserbecken als **Wandelalter**

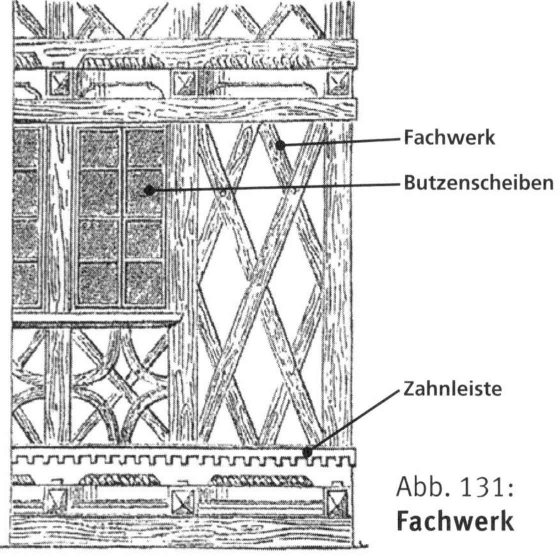


Abb. 131:
**Fachwerk**

Gleichzeitig baut man bis weit ins 20. Jahrhundert hinein im sogenannten **Heimatstil**: Als Ausdruck romantischer Sehnsucht entstehen Einfamilienhäuser und Gebäudeteile mit **Fachwerk**, Türmchen, **Butzenscheiben** und Rosenspalier (Abb. 131). Heute werden in Immobilienanzeigen solche Bauten oft fälschlicherweise als »Jugendstil« bezeichnet.

**Nachdem gegen Ende des 19. Jahrhunderts die Formensprache aller Epochen und Länder »durchdekliniert« ist, wird man des Durcheinanders überdrüssig und drängt auf Neues.**

# 11. Jugendstil (ca. 1895 bis 1915)

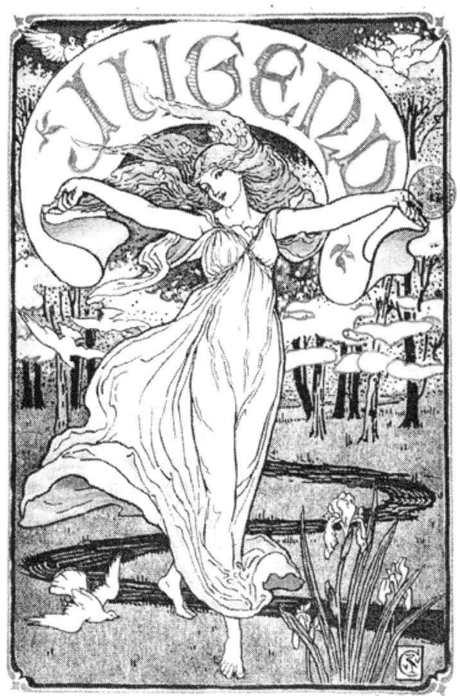


Abb. 132: Zeitschrift »Jugend«, Titelblatt

Der **Jugendstil** ist nach der neuartigen Münchner illustrierten Zeitschrift »Jugend« benannt (Abb. 132). Er heißt in Österreich **Sezessionsstil**, in Frankreich **Art nouveau** und in England **Modern Style**. Allenthalben setzen sich Reformbewegungen durch, und in kulturellen Brennpunkten entsteht erstmals seit dem Rokoko ein völlig neuer ornamentaler Stil.

Als Gegenentwurf zur industriellen Massenproduktion in den Fabriken des 19. Jahrhunderts bildet sich in England die **Arts-and-Crafts-Bewegung** des Kunsthandwerks, die auf ganz Europa und Amerika ausstrahlt. In München wird der **Deutsche Werkbund** gegründet.

**Die Motive und Ornamente des Jugendstils stammen vor allem aus dem Reich der Pflanzen: zarte Ranken in geknickten Kurven, besonders Efeu, Schwertlilie oder Seerose sowie Blüten- und Blätterformen, die abstrahiert werden.**

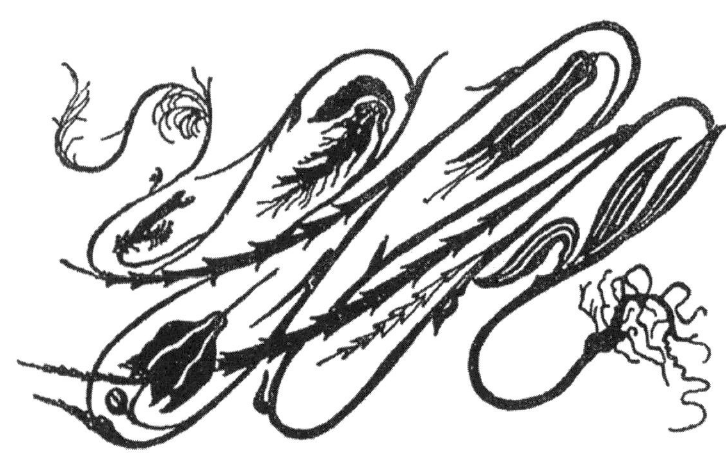

Abb.133: Stickerei »Peitschenhieb«

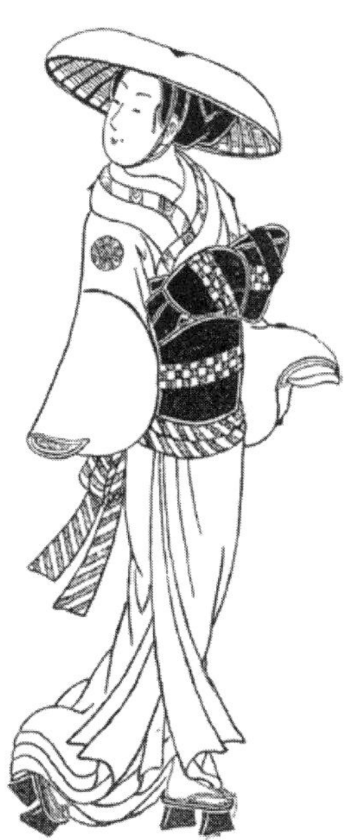

Beeinflusst vom japanischen Holzschnitt, werden im **Japonismus** Wolken, Wellen, ja ganze Landschaften und sogar Menschen zu Ornamenten stilisiert und flächig-linear mit dunklen Konturen dargestellt (Abb. 134, 135).

Abb. 134: japanischer Holzschnitt

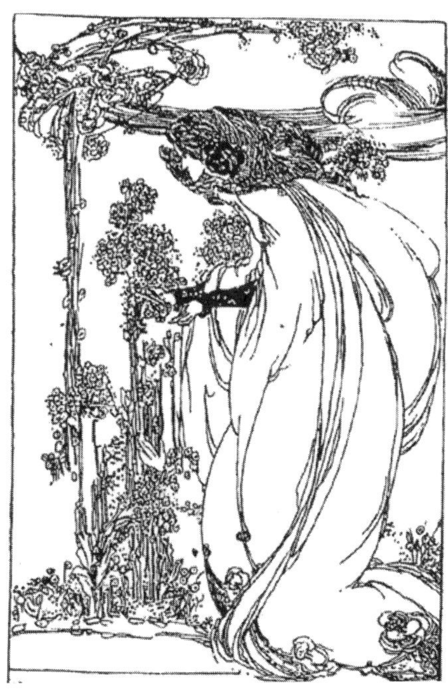

Abb. 135: **Jugendstil**-Buchillustration

Das Ideal ist es nun, Kunsthandwerk auf höchstem Niveau und doch für jedermann erschwinglich zu produzieren. Führende Künstler gestalten Möbel, Beschläge, Textilien, die gesamte Inneneinrichtung als **Gesamtkunstwerk**. Auch Schmuck und Kleidung, Bücher, Plakate sowie Geschirr und Besteck folgen der neuen Mode.

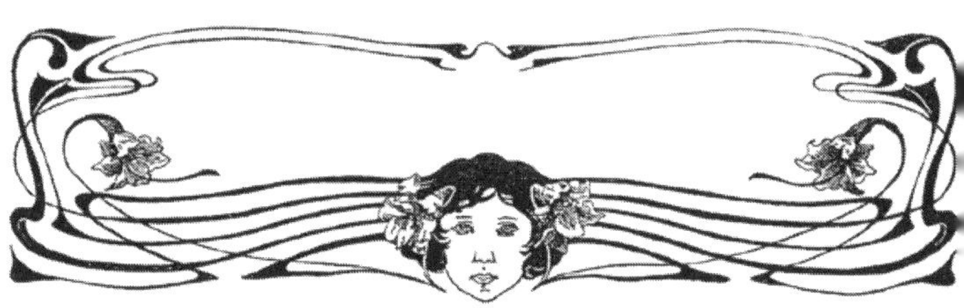

Abb. 136: **Vignette**

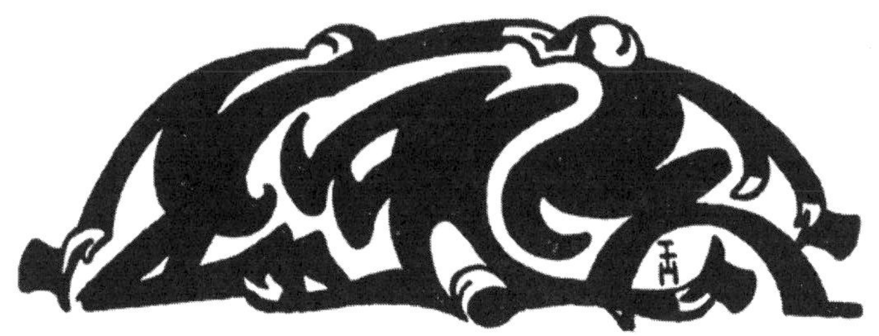

Abb. 137: **Vignette** (Drei Männer mit Zylinderhüten)

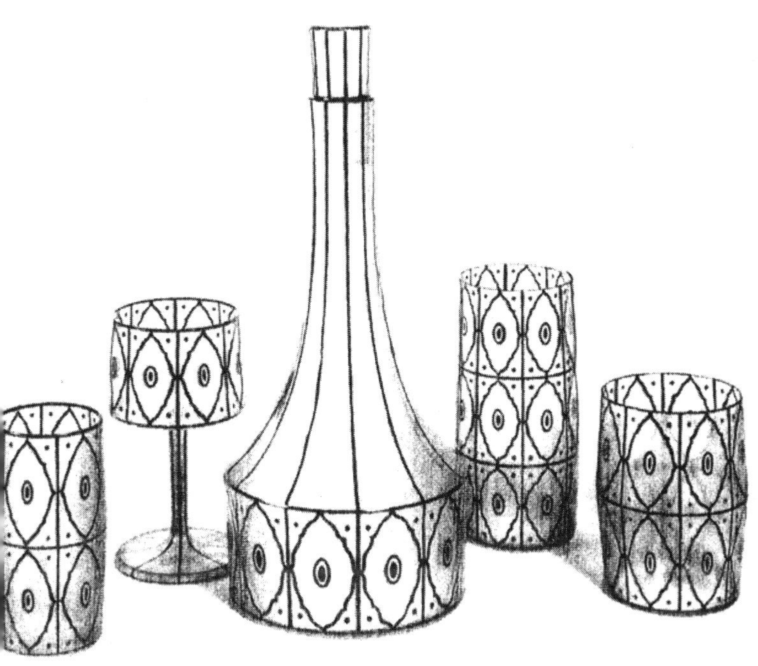

Abb. 138: später **Jugendstil**

Schließlich erscheinen abstrakte geometrisierende und daneben wieder klassizistische Formen und Ornamente (Abb. 138, 139), welche schon auf das folgende Art déco weisen, aber auch der Historizismus ist noch lange präsent.

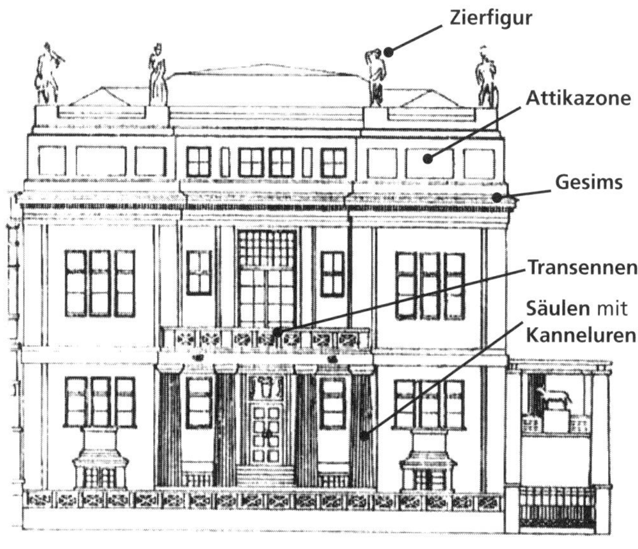


Abb. 139: **Klassizismus** im **Jugendstil** (Stuckvilla in München)

# 12. Art déco, Bauhaus, Neue Sachlichkeit (ab 1920)

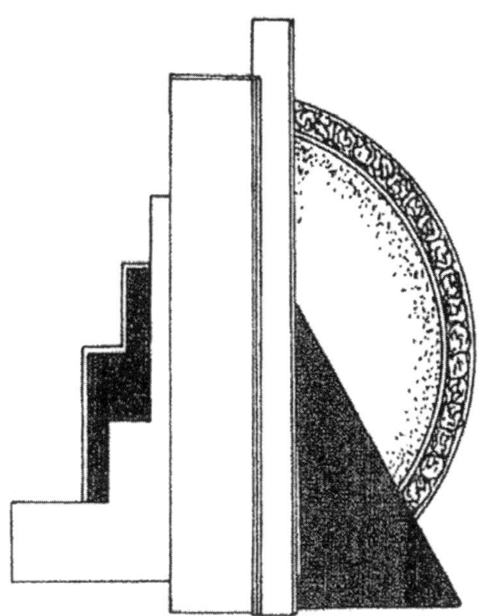

Abb. 140: **Art-déco**-Brosche (vergrößert)

Im Stil des **Art déco** (Abb.140) herrschen klare geometrische Formen, vor allem Dreieck, Kreis, Quadrat und daraus konstruierte abstrakte Ornamente wie Zickzack und stilisierte Blumen vor (Abb.142). In der Malerei entsteht der „kristalline" **Kubismus** und die nüchterne **Neue Sachlichkeit**.

Der **Bauhaus-Stil** ist nach der in Weimar gegründeten Schule für alle Bereiche der angewandten Kunst, besonders der Architektur, benannt. Er folgt der bereits kurz vor 1900 formulierten Devise »Form follows Function« (»die Form ergibt sich aus dem Zweck«): Man will auf alles verzichten, was nicht notwendig ist, überspitzt hat man dies in Wien formuliert. Das Werk soll ohne Ornament, nur durch elegante Form und edles Material wirken. Neu sind Flachdächer, glatte Wände und **»Fensterbänder«.** Ganze Fassaden aus Glas **(Curtain Walls)** und riesige Schaufenster werden technisch möglich, weil die tragenden Wände nach innen verlegt sind.

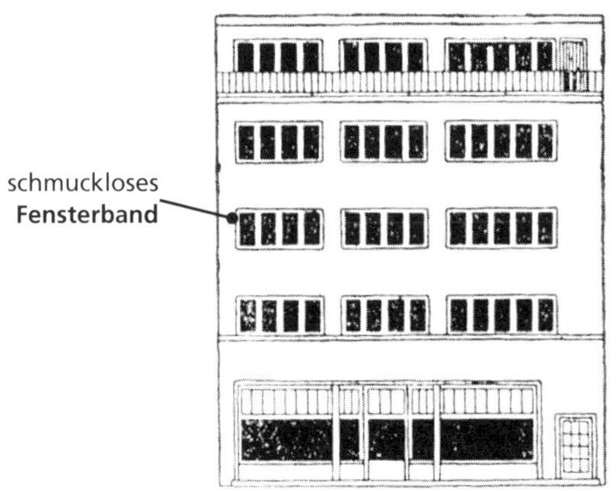


Abb. 141: **Bauhaus**-Fassade

Neu ist auch der Begriff **Industriedesign**: Gegenstände der Inneneinrichtung und des täglichen Gebrauchs entwirft man zur seriellen Herstellung in großen Stückzahlen, aber in höchster Qualität.

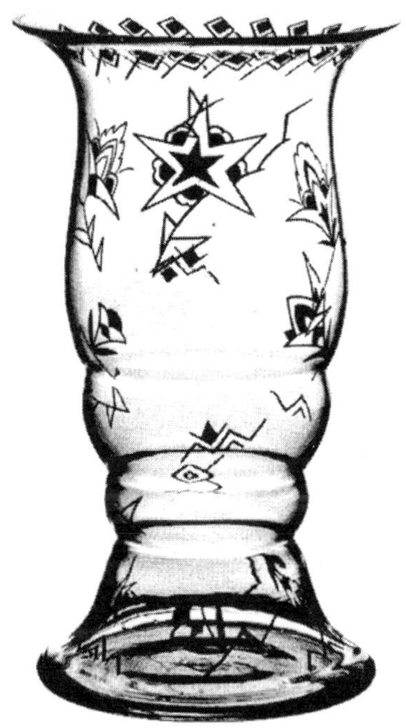

Abb. 142: **Art-déco**-Vase in **Balusterform**

**Die Ideen des Bauhaus haben seither nachhaltigen Einfluss auf Architektur und Kunsthandwerk des 20. Jahrhunderts ausgeübt und prägen den Geschmack der ganzen Welt bis heute.**

# 13. Weitere Stile des 20. Jahrhunderts

## Diktatorischer Monumentalstil (ca. 1925 bis 1945)

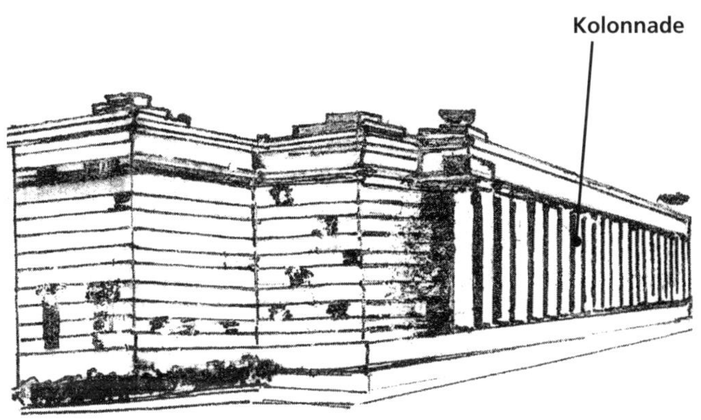


Abb. 143: diktatorischer **Monumentalstil**

Dieser Stil herrscht besonders im faschistischen Deutschland und Italien bis Kriegsende vor, in der Sowjetunion und den Ostblockländern bis zur politischen Wende der 1990er-Jahre, in anderen totalitären Staaten bis heute. Einschüchternd und voller Pathos, bedient er sich vergröberter historistischer, vor allem klassizistischer Formen und Ornamente.

## Informel, Fünfziger-Jahre-Stil, Post war

Als Gegenbewegung zum **Monumentalstil** entsteht nach den Kriegszerstörungen anknüpfend an das Bauhaus ein neuer Stil: leicht, bescheiden, in weichen Formen und **Pastellfarben**.

Durch die Verbreitung von Rundfunk und Fernsehen gewinnt das private Heim an Bedeutung und wird mit **Nierentisch**, **Tütenlampe**, **Cocktailsessel** und Gummibaum ausgestattet (Abb. 144).

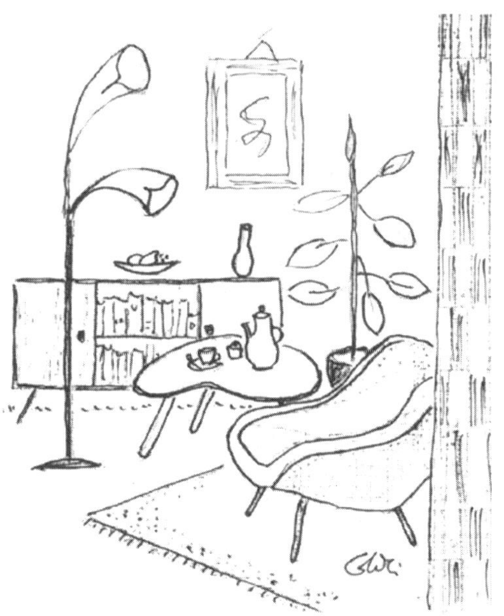

Abb. 144: **Fünfziger-Jahre-**Einrichtung

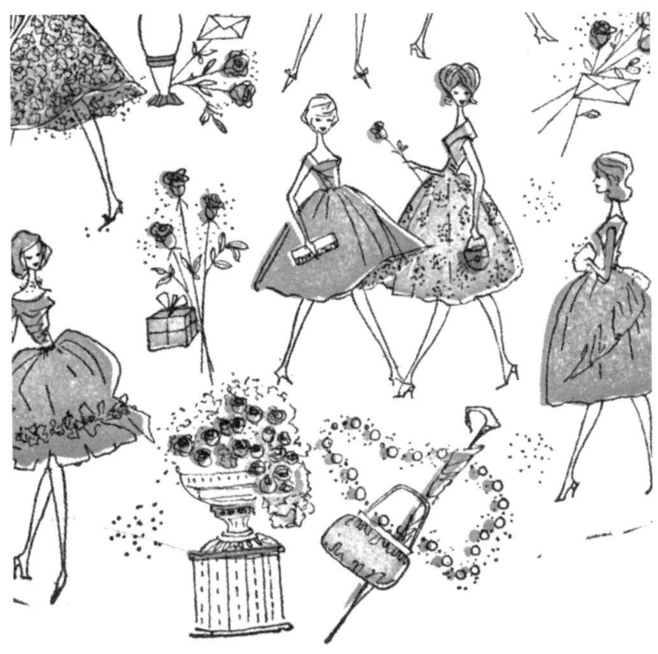

Abb. 145: **Modezeichnung** als Ornament (Taschentuch)

Neu ist, dass Zeichnungen von modisch gekleideten Damen und Herren jetzt als Ornament über die Flächen von Tapeten, Möbeln und Textilien verstreut werden, besonders im Friseursalon oder Café (Abb. 145).

Zusehends verschwindet dieser gefällige Stil des Wiederaufbaus aus dem Stadtbild. Manches steht schon unter Denkmalschutz.

## Op Art (ca. 1970 bis heute)

**Optical Art** bezeichnet ornamentale Bilder, die vor den Augen »verschwimmen«.

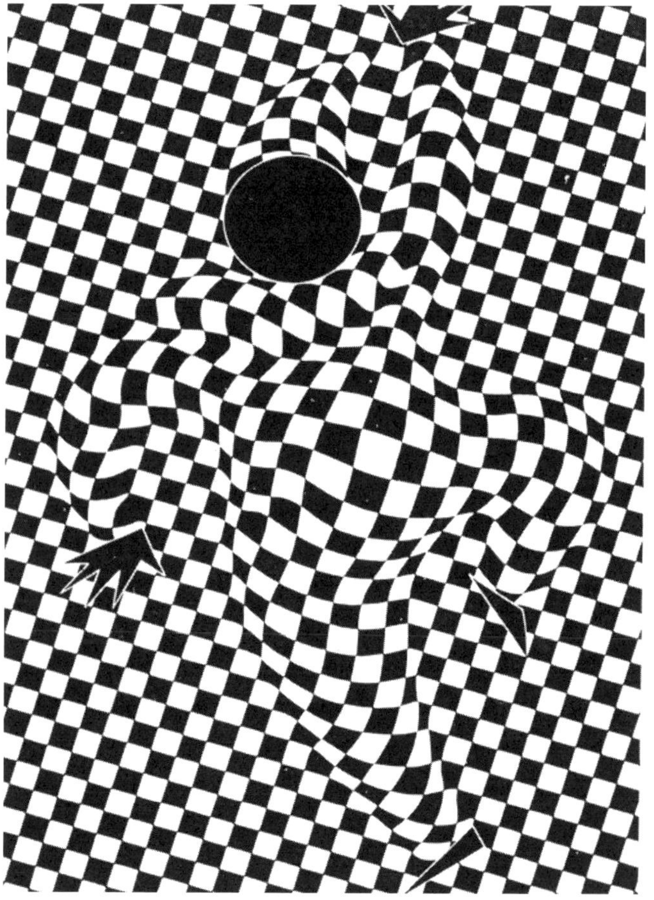

Abb.146: **Op Art** (Clown, Victor Vasarely)

## Art brut, Brutalismus (ca. 1970)

Der Begriff stammt ursprünglich aus der Malerei und wird inzwischen auch auf die Architektur bezogen. Die Wände sind meist aus kargem Sichtbeton oder Backsteinziegeln, die Tendenz des Bauhauses zum Schmuckverzicht ist auf die Spitze getrieben, die Ornamente des Kunsthandwerks sind grob. Wohnwand, quaderförmige Sitzlandschaften und als Gag der Sitzsack prägen die Inneneinrichtung. Amorphe, große Muster in satten Farben wie Orange, Braun, Apfelgrün und Violett beherrschen Tapeten und Textilien. Eine Richtung des Stils wird **Trash Aesthetic** genannt, ein paradoxer Begriff: »Etwas ist schön, weil es hässlich ist«; es ist auch die Epoche des **Punk.**

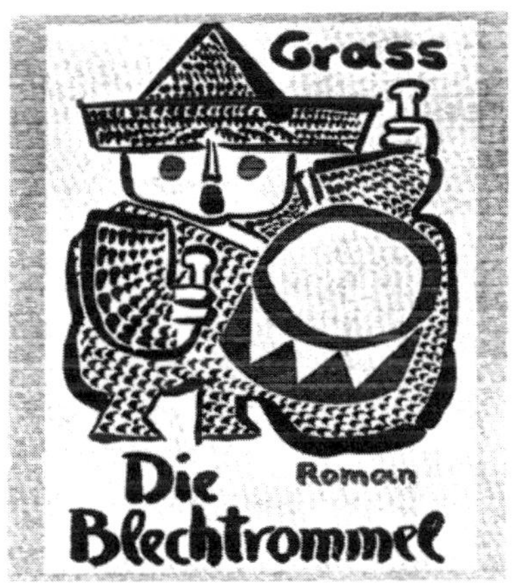


Abb.147: **Art brut** (Buchcover)

## Postmoderne (ab 1980)

Willkürlich und in Fülle werden einzelne Ornamente aus vergangenen Epochen zitiert. Es gibt in der Architektur wieder spitze und runde **Giebel**, Erker, Loggien und Balkone, sogar mit dreieckigem Grundriss, **Säulen**, **Pfeiler**, (falsche) Sprossenfenster und Türen mit Rahmen und Füllung. Auch in der Inneneinrichtung setzt sich das Nebeneinander von verschiedenen Stilen fort, schick wird das abgenutzt wirkende Aussehen des „Vintage-Looks".

Von Designern und Architekten kritisiert, ist diese **eklektizistische** Bauweise trotzdem sehr beliebt, weil sie das menschliche Grundbedürfnis nach Schmuck und Geborgenheit zu befriedigen versucht.

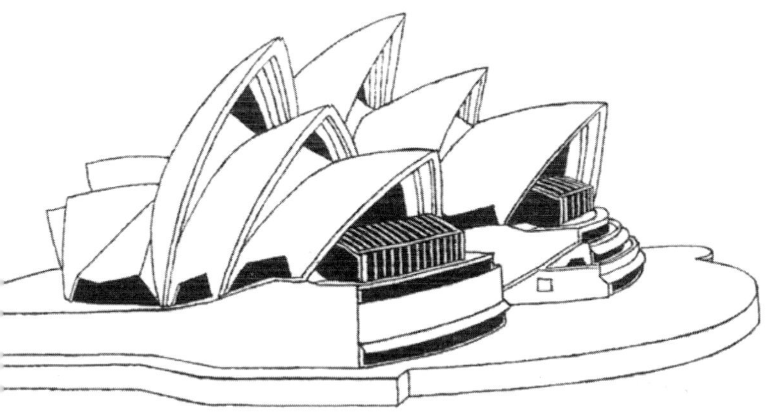

Abb.148: **Bauwerk als Ornament** (Oper Sydney)

## Dekonstruktivismus (ab 1970)

**»Anything goes«, alles ist erlaubt: Die traditionellen Regeln von senkrecht und waagrecht und der Proportionen gelten jetzt nicht mehr. Das Werk selbst wird zum Ornament (Abb. 148).**

Bauwerke, Möbel und Gerät können manchmal psychedelische Formen haben aus der Fantasie, aus der unbelebten Natur, der Tier- und der Pflanzenwelt.

## Street Art, Graffiti

Öffentliche Flächen wie Häuserwände und Fahrzeuge werden, ursprünglich in vandalistischer Absicht, mit **surrealen** und **abstrakten** Figuren, Ornamenten und **Tags** (Schriftzügen) in schreienden Farben und flächendeckend mit Farbe besprüht.

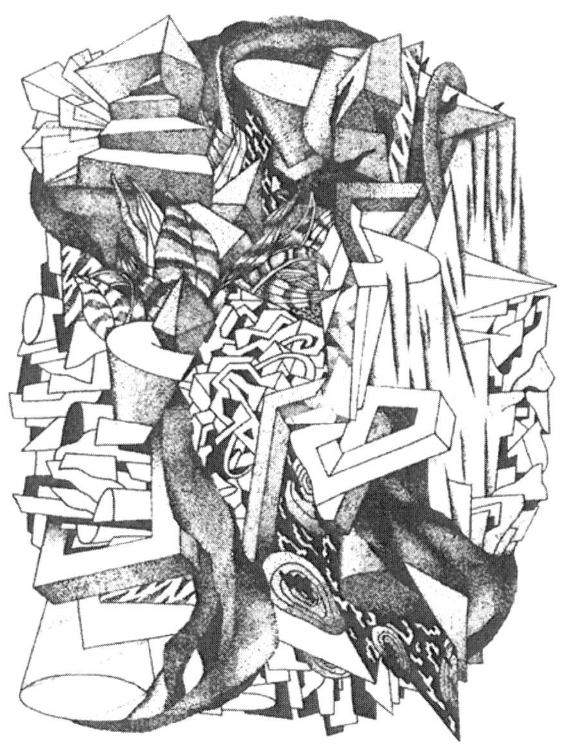

Abb.149: **Graffito** (Aufkleber an Laterne, München, Isaranlagen, ca. 2014)

## Ausblick ins 21. Jahrhundert

Zunehmend würdigt man die traditionellen Formen und Ornamente in Kunst und Handwerk wieder und wendet sie an. Die Geschichte zeigt, dass in immer schnellerem Wechsel schlichte, einfache Formen von üppigen und anspruchsvollen abgelöst werden.

## Resümee

**Dieser Übergang von klaren zu komplizierteren Formen oder umgekehrt prägt viele Epochenwechsel. So folgt z. B. auf die edle „klassische Antike" der Griechen der üppige römische Luxusstil, auf die zurückhaltende Renaissance der prunkvoll wuchernde Barock oder auf den retrospektiven Historismus des 19. Jahrhunderts der innovative Jugendstil an der Wende zum 20. Jahrhundert.**

**Dank der neuen Medien und Materialien (Plastik!) gibt es immer gewagtere Möglichkeiten für künstlerischen Ausdruck. Ein ganzes Bauwerk kann selbst zum Ornament werden!**

# Sachregister

O



P



R

**U/V**



**W**



**Z**

## Bildquellen

Aus dem Archiv der Verfasserin ein reicher Fundus anonymer Holzstiche aus Büchern des letzten Drittels des 19. Jahrhunderts, u. a.:

- **Architektonische Formenschule:** A. Scheffers, Leipzig, ab 1862.
- **Webers illustrierte Katechismen: Baustyle, Kunstgeschichte, Ornamentik u. a.:** Leipzig, ab 1880.

Darauf fußend u. a.:

- **Kunst – Stil – Unterscheidung:** Hans Sebastian Schmid, München 1894.
- **Handbuch der Kunstgeschichte:** Anton Springer, Leipzig 1895.
- **Kunst und Geschichte:** H. Luckenbach, München und Berlin 1898.
- **Der Ornamentstil:** Alexander Speltz, Berlin 1904.
- **Deutsche Ornamentfibel:** Zeichnungen von Otto Rosenlecher, Leipzig 1942.

Sowie für das 20. Jahrhundert u. a.:

- **Geschichte der Malerei im 20. Jahrhundert:** Horst Richter, Köln 1993.
- **Wege in die Moderne. Jugendstil in München:** Hans Ottomeyer (Hg.), Kassel 1997.
- Zeitschrift **„Jugendstil"**, Titelblatt vom 17.12.1898.
- **Op Art:** Cyril Barrell, Köln 1974.

Stadtmuseum München

Zeichnungen auf den Seiten 16, 19, 20, 21, 35, 48, 65, 93 von Reinhard Schmitt-Hollander; auf den Seiten 24, 72, 108 von der Autorin; Seite 114: anonym

## Weiterführende Literatur zum Thema

– **Die Geschichte der Kunst:** Ernst H. Gombrich, Berlin 1996.
– **Baustilkunde:** Wilfried Koch, München 2006.
– **Bildwörterbuch der Architektur:** Hans Koepf, Stuttgart 1982 (Kröners Taschenausgabe Bd. 194).
– **Architekturtheorie:** Bernd Evers u.v.a., Köln 2006.
– **Kleines Wörterbuch der Architektur,** Stuttgart 2006 (Reclams Universalbibliothek Bd. 9360).

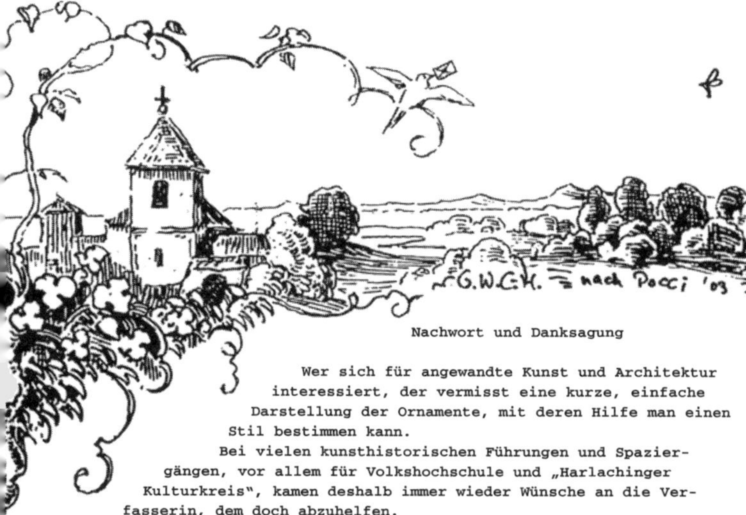


## Nachwort und Danksagung

Wer sich für angewandte Kunst und Architektur interessiert, der vermisst eine kurze, einfache Darstellung der Ornamente, mit deren Hilfe man einen Stil bestimmen kann.

Bei vielen kunsthistorischen Führungen und Spaziergängen, vor allem für Volkshochschule und „Harlachinger Kulturkreis", kamen deshalb immer wieder Wünsche an die Verfasserin, dem doch abzuhelfen.

Für Anregungen und Förderung diesbezüglich danke ich besonders Frau Dr. Jutta Thinesse-Demel; Dr. Christel Alber, Dr. Nadejda Dörrler-Naidenoff, Dr. Helga Gwinner, Irmgard Matschl mit Dr. Gustav Matschl MDL, Dr. Albert Prinz von Sachsen mit Prinzessin Elmira, Prof. Dr. Werner Sack mit Erika, Rose Strass und anderen.

Großer Dank gebührt vor allem dem Historiker und Altphilologen Reinhard Schmitt-Hollander, ohne dessen fundiertes Wissen und tatkräftige Hilfe das Werk nicht gelungen wäre.

Herzlichen Dank für freundliche Unterstützung von Anfang an schulde ich Dr. Raphael Zeller, auch Roland Ljubicic, Melanie Kieweg und Stephan Thalhammer sowie Ingrid Mayerhanser und Gregor Swiatczak.

Lieben Zuspruch und Beistand in schweren Zeiten erfuhr ich ganz besonders durch Pfarrer Michael Schlosser von Mariahilf und Dr. Karen von Mücke; desgleichen von Familie Dr. Günter Haub und Katharina mit Christian; sowie von meiner Familie Dr. Gernot Köhler mit Anita, Nothung Köhler mit Christl, Prof. Eckehart Koehler, Ullrike Koehler-Solomon und Dr. Helma Kelbetz mit Helmut.

Ebenso halfen mir sehr gute Freunde wie Edlind von Polenz, Robert Seidenader und Dr. Barbara Krafft.

Das Lektorat besorgte bookwise GmbH: Medienproduzent und Geschäftsführer Uwe Eckhard mit Redaktionsleiter Neuproduktionen Daniel Hoch, welchen ich für fundierten Rat und Hilfe trotz meiner Manuskripterstellung mit Schere und Kleber sehr dankbar bin, ebenso dem kunstverständigen Verleger Markus Sebastian Braun, BENTELI Verlag, Salenstein (Schweiz).

Ferner danke ich für alles Gute: Dr. Josef Cichon, Prof. Dr. Gordon Cichon und Dr. Caroline Cichon mit Christian Hogl.

München, den 31. Juli 2021
Gerda Winifred Cichon-Hollander

# Die Autorin

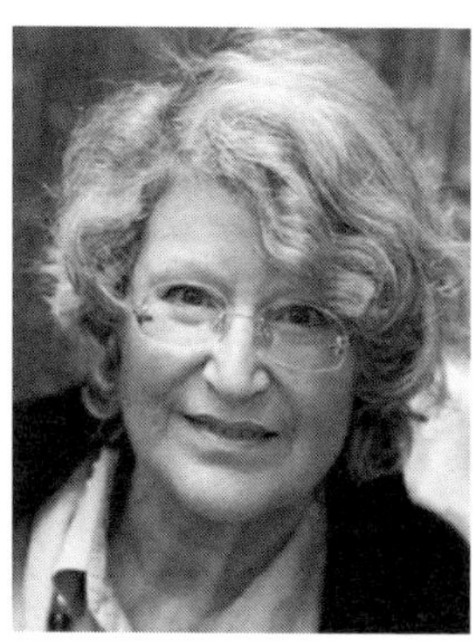

Catherina Hess

## Gerda Winifred Cichon-Hollander, geb. Köhler

Aufgewachsen an der Bergstraße (Südhessen)

Binationale Familie (deutsch-amerikanisch)

Abgeschlossenes Jurastudium in Heidelberg, Lausanne und München (LMU)

Fünfjähriges Studium der Kunstgeschichte, frühchristlichen Theologie und Byzantinistik

Langjährige Tätigkeit im Kunsthandel

Antiquitätensachverständige

Exklusive Führungen zu kunsthistorischen Themen

Dozentin an verschiedenen, auch sozialen Einrichtungen der Erwachsenenbildung

Gründung des »Harlachinger Kulturkreises« e.V.

Lebt in München im Stadtteil Au

# Impressum

Die Deutsche Nationalbibliothek verzeichnet diese Publikation in der Deutschen Nationalbibliografie; detaillierte bibliografische Daten sind im Internet über http://dnb.dnb.de abrufbar.

ISBN 978-3-7165-1870-0



www.benteli.ch



1. Auflage 2021

Projektkoordination, Lektorat und Korrektorat:

bookwise GmbH, München